A ras de suelo

temas de
in-fan-cia
educar de 0 a 6 años

Sergio Diez Pérez
Ilustraciones: Claudia Ruiz Echevarría

A ras de suelo

OCTAEDRO-ROSA SENSAT

TEMAS DE INFANCIA, núm. 48
Título: *A ras de suelo*
Autor: Sergio Diez Pérez
Ilustraciones: Claudia Ruiz Echevarría

Primera edición: julio de 2025

Ediciones Octaedro, S.L.
Bailén, 5 – 08010 Barcelona
Tel.: 93 246 40 02
www.octaedro.com
octaedro@octaedro.com

Associació de Mestres Rosa Sensat
Avda. Drassanes, 3 – 08001 Barcelona
Tel.: 93 481 73 81
www.rosasensat.org
publicacions@rosasensat.org

Diseño y producción: Ediciones Octaedro

ISBN: 978-84-1079-102-2
Depósito legal: B 13779-2025

Impresión: Masquelibros

Impreso en España - *Printed in Spain*

Sumario

Prólogo del texto

Hay una delgada línea entre el adulto que mira un niño y el niño que ese adulto fue. Ese niño emana del recuerdo y se proyecta con la profundidad de toda la experiencia acumulada por el adulto. Quizá tú que leas este libro descubras que a veces eres ese adulto que afina su mirada a la infancia y quizá también te sorprendas encarnando de nuevo el papel del niño o la niña que fuiste.

Probablemente, en nuestra autobiografía hayamos decidido enterrar en la memoria recuerdos de injusticias que nos dañaron, que nos hicieron sentir impotentes, ignorados, pequeños, incapaces..., criaturas al margen de la cultura de los adultos que vivían en un mundo complicado y desconocido, nos hicieron creer. Pero también en algún lugar de la memoria hay guardados recuerdos de cuidados, de atención, de respeto sincero, de complicidad, de trasgresión, de saltarse las barreras, de superar hitos, de construir juntos, de sentirse valorado y amado por otro, de expresarse sin tapujos y de pensar a lo ancho. Pero el autor no cae en un nostálgico romanticismo, ni plantea su defensa de la cultura infantil como una revancha del niño que fue contra los fantasmas de los adultos que lo atormentaran entonces, ni se habla del respeto, la delicadeza o la consideración como una idealización de los adultos que le sirvieron de buen modelo para sacar hoy lo mejor de quien él es. Lo que sí hace es hablar de rigor, de formación, de conocimiento y compromiso con un oficio artesano en el que dar lo mejor de uno mismo.

Este libro no es un sermón, pero se moja. Está claro que no todo vale, o que no vale lo mismo. Hay cosas que se pueden hacer mejor y que dicha mejora vendrá de replantearse los paradigmas educativos. La mejoría no surgirá meramente partiendo de la innovación por la innovación; aquí se aboga por el cambio de algunas miradas, pero también por conservar, por cuidar, por poner en valor la sencillez y la calma que la sociedad ha ido perdiendo, abrumada por el consumismo y las prisas en diversos órdenes de la vida.

A lo que iba, estaba yo leyendo el libro y salió el niño que habita dentro de mí. Me recordó que la infancia es capaz de sufrir las consecuencias de las decisiones que toman los adultos y, aun así, puede alcanzar «el lugar que permite ir más allá de lo visible», como narra un pasaje de este libro. Es decir, el niño que se apodera de mí es un pequeño ser enormemente libre y, por ende, infinitamente más capaz que el adulto a la hora de pensar con claridad la relación de los adultos con la cultura infantil. Desde la torre de control da pistas, como un controlador aéreo: él dice «permiso para despegar» o «aquí torre de control, ¡tome tierra!» (como un «vuelva a poner los pies en el suelo»).

Y así, a ras de suelo, me volví a encontrar con el niño que fui, soy, seré... En aquella época de los años 80, había por casa una cinta de casete en la que Franco Battiato cantaba «hay quien se pone unas gafas de sol para darse más carisma y sintomático misterio». ¿Sabes que eso es lo que el niño ha querido que suene en mi cabeza mientras leía el capítulo «Sin gafas de sol»? El niño es hábil para envolver mi pensamiento con una atmósfera determinada y precisa. Juega mucho con los olores y las canciones. Las sensaciones que atrapamos por los sentidos impregnan la memoria calándola en lo más hondo. A ti también te pasa, ¿verdad? Creo que es algo universalmente reconocido.[1]

Siguiendo de memoria los versos de Battiato, me vino aquello de *No time, no space*. Qué interesante resulta reubicarse perdiendo las referencias cronológicas y espaciales, tan abstractas y relativas. El niño interior nos permite

---

1. Probablemente habrá ya más de una explicación de la neurociencia para esto. Pero sinceramente, no nos hace ni falta.

entender mejor a esa niña que nos exhorta «Vete a tu sitio». Me lo dice el niño interior. «Tu sitio» es y no está: ¿Existe? Sí ¿Dónde? No se sabe. El niño interior no dice «busca allí», dice «busca antes». Y para llegar tienes que volver. Parece una locura. Pero no es así: simplemente *No time, no space*. Cuando descubres que has llegado a la complicidad de satisfacer lo que la niña te pedía, alcanzas ese punto en medio de la inmensidad del Universo donde lo humano está de ida y vuelta, porque ha viajado a través del tiempo como uno de esos «nómadas que buscan los ángulos de la tranquilidad» que también diría Battiato.

Este libro nos habla de pensar sobre «ese deseo de regresar a un pasado que siempre se dice que fue mejor», del «tiempo evocado de forma perversamente interesada, como si fuera una parcela conclusa y desgarrada de la biografía en formato de píldoras hipócritamente idealizadas», de que no perdamos el norte emprendiendo ese viaje, vaya. Pero a mi parecer, ir, hay que ir. Aunque no pueda realizar el viaje de retorno a la infancia, por suerte, piso una escuela a diario y llevo la maleta conmigo con la de idea de un aula donde lo espontáneo vence la censura, donde aprendí que convivir es vivir con el otro, no por encima de él ni contra él.

Tenemos que saber que lo que pueden parecer anotaciones en un anecdotario o en un diario de aula de un maestro son también las marcas indelebles en la biografía de una persona (niño o adulto). A veces las tomamos como una especie de chiste, porque pueden ser graciosas y hacer tambalearse nuestros principios y nuestra moral, que es una de las funciones más nobles del humor. Pero son de gravedad, en el doble sentido de que son de importancia extrema, grave, y en el sentido de que tienen una fuerza de atracción para la personalidad de un ser que está construyendo su identidad.

La profundidad del análisis de las pequeñas cosas que hace Sergio tiene una trascendencia gigante. Y nos servirá como pasatiempo, porque la lectura es amena, pero también como reflexión, reflexión como punto de partida para el cambio como educadores, pues además de esas repercusiones que la escuela tiene para la infancia, también debemos ser conscientes de que tenemos una historia escolar como niños que fuimos y que esa historia personal también ha definido quiénes somos como maestros.

Encendamos el fuego y dejemos que la ebullición del agua haga su magia en la cafetera de las pedagogías. Degustemos la lectura sabedores de que nos dejará un poso para siempre, como mejores educadores y como mejores personas. Es un libro amable, porque no nos cuestiona ni nos debemos sentir acusados por nuestras miserias, pero sí nos permite «una revisión crítica del otro en el que nos reflejamos», pues muchas veces gracias a la generosidad de Sergio que se desnuda para mostrarnos sus propias inseguridades, «pinchazos emocionales» de alguien que está ahí cada día, sus «agitaciones internas» y torpezas o errores en la relación vivida entre adultos e infancia, nos permite realizar una reflexión profunda de la práctica educativa «sin asumir los riesgos de vivirlo en primera persona».

De la misma manera que «el valor de una propuesta está en su capacidad para despertar el apetito que desencadenará la acción autónoma», podemos decir que el valor del libro está en su capacidad para despertar el apetito por lograr mejorar nuestra acción educativa.

La meta ha de ser utópica, pues si fuera realizable, al llegar a ella, ahí mismo acabaría la aventura del deseo. Tiene que haber una meta siempre más allá, una meta que se mueve hacia el horizonte a medida que nos acercamos a ella. Y celebrar esta imperfección como una oportunidad permanente de evolucionar constantemente, no verlo como un fracaso.

Espero que ahora, que yo me despido y me retiro sin hacer ruido, te quedes leyendo y te comprometas a «preposicionarte». Y que con ese compromiso y ese preposicionamiento puedas mañana salir al reencuentro diario con la infancia en la clase, en la casa, en la calle... y veas entre todas las miradas centelleantes de los niños y las niñas y entre todas sus dulces sonrisas encendidas o entre cada lágrima brillante –porque no todo va a ser felicidad bobalicona o negacionista del resto de

emociones– también la del niño que tu fuiste, cuando igno-
rabas volar, pero volabas como nadie, a ras de suelo. Hazlo
con serenidad, no con nostalgia traicionera. Hazlo con rigor y
con profesionalidad. Para eso somos adultos. Y educadores.
Seguro que será suficiente. Y muy satisfactorio.

PABLO RODRÍGUEZ AGUIRRESAROBE

Prólogo de las ilustraciones

Siempre digo que es complicado hablar sobre imágenes. Pasar de un lenguaje a otro implica necesariamente una pérdida. A veces, como observadora, tiendo a realizar lecturas superficiales o, peor aún, caigo en la vaguedad de traducir lo que veo en lugar de sentirlo.

Cuando Claudia me pidió la redacción de este prólogo pensé que, quizás, la mejor forma de apoyar su trabajo es invitar al espectador a observar con detenimiento cada una de sus ilustraciones. Que se permita recorrerlas despacio, varias veces, en diferentes ocasiones y días e incluso en distintos momentos de la vida.

No recuerdo qué sentí la primera vez que vi uno de los retratos de un joven de El Fayum. Sin embargo, ahora, cada vez que observo esta misma pintura, no puedo evitar cruzar mi mirada con la mirada frágil de ese joven sin quedarme completamente hipnotizada. Hacer de la forma ajena algo propio es todo un proceso, y lo que en primera instancia puede pasar desapercibido, termina adquiriendo un significado profundo. Con el tiempo las imágenes pueden incluso mutar, nos muestran nuevos detalles y relaciones, cobran otro valor.

Claudia ha trazado un recorrido estético sobrio, poético y confortable. Nos habla del cuerpo, de expandirnos, de habitar, de recorrer. Nos muestra espacios llenos de amplitud y de aire. Despierta nuestro tacto a través de la delicadeza de los materiales. Reivindica nuestro deseo y nuestra voluntad mediante los gestos. Sus líneas orgánicas, suaves, curvadas y sinuosas ofrecen la posibilidad de experimentar cada una de las escenas. ¿Y si fuese nuestra mano la mano que cuida? ¿Y si fuesen nuestros pies los que pisan por primera vez un campo mullido? Cada ilustración es un universo particular.

ALBA VELÁZQUEZ ÁLVAREZ

Introducción
La educación infantil hoy

Quien educa escribe una intensa autobiografía profesional en un aula de infantil, donde permanece sumergido buscando tenazmente respuestas al por qué y para qué vamos a un lugar como este. Sin embargo, la profundidad y el sosiego necesario para abordar esta tarea puede verse entorpecida por la proliferación de prácticas consumibles y exhibicionistas capaces de engullir valiosas diversidades, formas y fondos si no se establece una férrea resistencia crítica y argumentada. Aunque, con el criterio que nuestra profesión requiere, siempre habrá luces de referencia.

Ser educador es un camino que no se recorre a merced de los acontecimientos. Se trazan sendas que parten de la agitación interior sobre serenas referencias rigurosas con una mirada educativa exhaustiva y amable.

Desde nuestro lugar, es necesaria una firme ubicación en el lado opuesto a la desidia y, a pesar de las dificultades y otras tantas interferencias que nos sobrevuelan, pensemos en dar nuestra mejor versión para ser profesionales atentos; que comprendan y sepan escuchar a las familias en relación estrecha y complementaria; que acojan y valoren la incertidumbre y los sucesos inesperados; que compartan su conocimiento y se nutran del beneficio de dudar de lo que sabe, sin verdades absolutas e imperecederas; que se muestren flexibles a cambiar y a cuestionarse todo; que ofrezcan una educación de cuidados[2] garante del bienestar; que conciban

2. CUIDAR, del latín *cogitare* («pensar»), de donde se pasó a «prestar atención» y de ahí a «asistir a alguno», «poner solicitud (en algo)». Deriva cuidado «solicitud», *cogitatum* «pensamiento, reflexión». Esto es, «prestar una atención

el juego como una cualidad humana con valor en sí mismo e imprescindible en las escuelas; que valoren a las niñas y niños como seres capaces, potentes y con derechos a disponer de multitud de oportunidades en una paleta educativa que abre su amplio repertorio de colores al lienzo.

A ras de suelo en un aula de infantil nos permite presenciar ensimismados episodios únicos de una vida en grupo, a partir de una capacidad y cualidad profesional de excelencia inalcanzable, cimentada sobre la autoexigencia permanente y la profunda e intensa actitud reflexiva.

De los relatos que presento como reflejos conmovedores de la cotidianeidad del paisaje educativo, resalta de forma transversal a todos ellos mi mayor consideración, delicadeza y riguroso respeto a la cultura infantil, siendo consciente, en todo este trayecto que aquí comienza, de mis carencias y limitaciones. Relatos que nacen del estremecimiento producido por un gesto, una palabra o una breve frase. Sin embargo, cuántos otros habrán sucedido y sucederán sin ser rescatados. Unos, porque fueron cubiertos por las espesas mantas de la intimidad. Otros, seguramente, quedaron huérfanos de su merecida y particular escucha. Disculpadme por aquellas voces que aún no soy capaz de percibir; seguiré afinando el oído.

Ahora, situados *A ras de suelo*, os propongo una profunda bocanada de aire, exhalación lenta y bucear en este particular lugar de relaciones, identidades y afectos, donde descubrir entrañables episodios vitales e indagar entre algunos de los innumerables matices que visten sus esencias.

Sucesos fugaces que me provocaron un estremecimiento duradero; que no permanezcan presos permanentes del olvido y la desconsideración. Textos que, en sus humildes intenciones, intentan aproximarse lo máximo posible a la originalidad de los sucesos.

---

reflexiva a algo o alguien». Corominas, J. (1993). *Breve diccionario etimológico de la lengua castellana,* (3.ª ed.). Gredos. Luego, a la escuela se va a cuidar.

in-fan-cia

La posibilidad de escuchar particulares silencios

El silencio. La pausa. Respiración profunda. Cerrar los ojos. El silencio para escuchar. La pausa para decidir. La respiración profunda para inspirarse con la serenidad que nos da a su vez el cerrar los ojos.

Qué tarea. Puede que de las más arduas a las que se pueda enfrentar un educador. Educar calmado. Intervenir sin interferir en su debido momento y forma. Pensar con pausa y humildad. Con apertura y debate. Con silencios plenos de *escucha* y respeto que ayudan a macerar las ideas que erigirán un andamio pedagógico cada vez más sólido, gracias a la danza colectiva entre la comedida voz y la fertilidad de los sigilos.

Nuestro particular escuchar[3] se dispone a un educar para todas las voces con un oído bien atento que, sin exigir señales, implícitamente expresa la mayor parte de sus intenciones. Comprometido, como también lo es el otro silencio, el de cada uno, el que permite al mismo tiempo escucharnos y hablarnos hacia dentro y sin cesar en nuestra autocrítica. Un silencio que posibilita resignificar nuestros axiomas y conformar un pensar y un hacer cada vez más coherente.

Algunas escuelas exhalan un ruido aplastante, salpicando con alguna que otra calma precaria el impetuoso bullicio. Quizás, porque en ciertas ocasiones se necesite llenar algún que otro vacío educativo hasta saturar la vida de cuestionables ocupaciones. La contemplación y el silencio en esta época de obsesivo rendimiento y fines resultadistas puede que guarden cierta tétrica semejanza con la pérdida, la carencia, la esterilidad, la improductividad, con el vértigo de la oquedad. Sin embargo, los silencios[4] y las escuchas

---

3. Véase Rinaldi, C. (2001). «Una pedagogía de la escucha. Perspectiva desde Reggio Emilia». *Infancia en Europa: revista de una red de revistas europeas* (1), 3-6.
4. Silencio como cautela ante la atrevida palabra inoportuna, como una práctica requerida para el discernir y el sentir sereno.

son agentes imprescindibles en la construcción serena del necesario paradigma. *Escuchar* nos reconcilia con el sosiego necesario para escribir nuevas canciones y vestir la escena con armoniosos bailes educativos. Todo cambia.

Todo es una aventura y nadie dijo que fuera sencillo, pero necesitamos revertir tal situación con mucha finura y elegancia. Con el conveniente silencio llegará la oportunidad de escuchar y entonar la musicalidad oportuna de la educación infantil.

Quiero escuchar y sentir tu voz.

Así, a la criatura. A ti.

A mí.

En ese particular *nuestro silencio.*

A ras de suelo

«Buenos días»

La cotidianidad de cada escuela posee en su definición y ejercicio un fundamento complejo y frágil, distinguido por la sensibilidad de la educadora que aporta el pulso preciso a la cadencia temporal de los diversos acontecimientos que definen el transcurrir de cada jornada. Educar carece de jerarquía de importancias y, lo que comúnmente se denomina como cotidiano, no son solo aquellos hechos inevitablemente presentes y generalmente tratados como sucesos de menor consideración. Lo que define la trascendencia del gesto educativo no está en la grandilocuencia de su escaparate. Reside en la sutileza de una disposición educativa que ensancha la amplitud de cada uno de los detalles que enarbolan nuestra profesión.

Y aquí, por la mañana, cada persona que *entra* también inicia el *salir* de su referencia previa, cerrando gradualmente la simbólica puerta que a su vez le dispone a transitar en este otro lugar. Un fluir del hogar a la escuela que carece de la línea que abruptamente pudiera marcar la separación entre ambas. Con cada *buenos días* se disuelve el abrupto y fronterizo significado que cargan. La bienvenida mira a la despedida con la complicidad de quien acoge sabiendo lo que tiene ante sí. La despedida contempla con sosiego a la bienvenida al tiempo que alarga su distancia para, llegado el momento oportuno, intercambiarse los papeles. Ir y venir. Dar y recibir. Un incesante pulso que, cuando toma el compás, irradia bellas armonías a merced de quien sabe bailarlas.

Cada *buenos días*.

«Escúchame alto»

Nerea, de dos años, tiraba del pantalón de la educadora mientras decía con voz suave «Escúchame alto». Seguramente, consecuencia de su sentida inatención, de la involuntaria ignorancia a sus lenguajes. O de escuchas sin estar a la altura de las circunstancias. Causas entrelazadas que añaden argumentos al compromiso de afinar esta particular forma de *escuchar* la compleja concordia de voces y silencios.

Un saludable y brusco calambre que excede a la audición. La subjetiva brusquedad vivida por un mensaje que conlleva reconsiderar a qué nos referimos cuando se habla de *escuchar*. Radica en ir más allá de los oídos, y comprender el constructo de la *escucha como* condición transformadora de los códigos pedagógicos y sociales en la elaboración de respuestas coherentes. El esfuerzo de *escuchar alto* reclama el compromiso de atender, comprender y actuar con esa altura que la niña nos pide. Significa comprometernos a mantener una actitud que dé repercusión a *la voz que* está detrás de los fonemas. Siempre ahí. Voces en numerosas ocasiones reprimidas. Infinitamente valiosas.

La escuela se encuentra en la posición estratégica que permite ejercer esa *escucha de altura*; aquella que, desde la misma base, entrelazará sin enredar miradas y acciones reconstituyentes de la acción educativa. Continuamente recibimos mensajes nada baladís, por lo que nuestra escucha solo puede ser *en alto*. Ahora, nos corresponde a los adultos estar a la *altura* de voces que no pararán de reivindicar una escuela infantil con unos *oídos* bien *limpios* y atentos.

«Sin gafas de sol»

Un jardín. Un lugar humilde. A la vez sabio, acogedor, variable, imprevisible, dinámico, sin tiempos, con ciclos.

La Infancia, sabia. Acogida con el sigilo de las caricias de la hierba. Cambiante, sorprendente. Recorridos del vivir en compañía. Simbiosis entre ambas.

Primeros días de septiembre y nos reencontramos tomando el aire con nuevas compañías bajo un sol que se despide del verano con la nostalgia impregnada en sus últimos brillos estivales. Criaturas que definen con su cuerpo el lugar. Con las miradas sostienen su aventura y con los pies aventuran sus pasos para la conquista. Las miradas recíprocas para saber del otro, de su poder, y nuestro sostén en la distancia para forjar férreamente los puntales de la confianza.

Y la imagen se vuelve oscura. Se distorsiona cuando se mira a través de las gafas de sol. Los ojos vinculan, reciben y abrazan sin las barreras infranqueables de los cristales oscuros. Porque, al mantenerse la mirada secuestrada tras los vidrios, la afectuosa relación desnuda es inconcebible. Lentes que despersonifican, cómplices de las inseguridades que la oscuridad aporta a cualquier lugar. La conexión sepultada por aquellas gafas, las que todo lo bloquean, las que sentencian el sentir sincero, y derivan a una búsqueda incómoda y estéril de lo que se espera que habrá tras ellas. Un ver a través del cristal desprovisto de la mirada en los ojos, con niños que escurren sus miradas incapaces de alcanzar aquellos ojos cautivos entre los resquicios de la montura.

Ocultar los ojos, como quien bloquea sus oídos. El *mirar* y el *escuchar* son propios de una compleja actitud minuciosamente confeccionada de conocimientos, expectativas y sentimientos que lo remueven todo continuamente.

Pensándolo con calma, nos quedan pocas opciones. Despejar los ojos del mirar o invisible, liberar los brazos para abrazar el afecto y limpiar los oídos que perciben el mensaje silencioso. Lograrlo no es tan fácil como aplicar unas consignas. No hay recetas; es una actitud que implica ser y estar como si resultara un encargo. Subirse a este barco es un navegar permanente y complejo sobre aguas nunca en calma.

Seguramente y a pesar de la constante marejada, sea muy gratificante ver el horizonte desde la borda y *sin gafas de sol.*

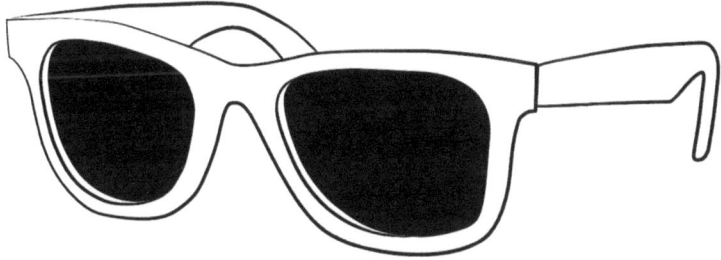

«Vete a tu sitio»

Se habla, se escribe, se piensa (espero), sobre el movimiento, sus lenguajes y la agitación emocional en el cuerpo del niño y del adulto. Pero, en tiempos de la explicitud y el exhibicionismo, de la apariencia y la homogeneidad, de la conexión sin contacto y del cuerpo como significante despojado de significados, se arrojan escasas oportunidades para una vinculación saludable y sincera.

Primeros días en la escuela y nuestra cercanía despierta diversas respuestas en las criaturas. Cada encuentro y relación tiene su exclusiva proximidad, aflorando desde ceñidos distanciamientos hasta prudentes proximidades.

Cercano a Laia, cuidadoso, me muevo. Natural y con delicadeza,[5] presencio. Como un resorte, me espeta: «¡Vete a tu sitio!». Incisiva punzada que implica digerir la conmoción y reubicarse en aquel complejo lugar. Francamente, su rotundo mandato me permitió ver que estaba donde no debía, al invadir el espacio segurizante de aquella niña que, mientras tanto, miraba a otro niño cómo arrastraba un trocito de corteza de árbol. Como si se tratara de la premura más angustiosa, ahora me encuentro en mí queriendo socorrerme. Me detengo. Retrocedo incluso, y vuelvo a reiniciar el proceso, respetando una distancia que lleva implícita una disculpa. Reencuadro la escena. Resignifico *mi sitio*. La experiencia del *irme a mi sitio* vivida con entrañas, cuerpo y cierta inquietud por no haber sabido estar a la altura de una niña de 30 meses. También con cierto optimismo al brindarme esta sacudida la

5. Antes de «enviarme a mi sitio» así lo creía. Un vivido ejemplo de la distancia entre las intenciones propias y su percepción particular.

in-fan-cia

oportunidad de reconsiderar ideas y reflexionar sobre *nuestro sitio*, aquel que está de pieles para dentro y se aprecia afuera,[6] en ese punto conciso y sincronizado con el ahora. Un *sitio* sin localización que, en el establecimiento y desarrollo del vínculo, se elaboran referencias que empequeñece en su espacio. El *sitio* es ahora. Y ahora. Y ahora. No concibe un programa. Nuestro *sitio* y/con el de cada cual se desvanece si se busca el dónde ubicarse y no el cómo encontrarse. Nuestro *sitio* está en un sutil punto compartido muy adentro en y entre ambas. Igualmente, un *sitio* con un devenir dinámico que, a cada *ahora*, le sobrevienen nuevas referencias[7] para recobrar su distinguida ubicación.

Mientras tanto, la escuela es el lienzo por el que los *sitios* trazan las apariciones del ahora entre nosotros. No hay que buscar el *sitio*; el *sitio* se crea, emana del buen trato que considera todo lo posible. En consecuencia, presencia plena y cómplice. Un estar disponible a recibir lo que ocurra en la cada vez más escueta distancia. Ahora, reubicados en el punto implícitamente definido por la niña, los demás y yo. Un *sitio* que, principalmente, nos disuade de ser educadores veleta moviéndose por el aula pretendiendo abarcar sin hacer un ejercicio de prioridades.

Posiblemente y con tanto estruendo en la era de la posverdad, necesitemos más el *sitio* al que me dirige la niña para saber qué camino seguir y no desviarnos del rumbo.

---

6. Solo estarán capacitadas para ello las más refinadas miradas.

7. No olvidar la ubicación referencial estable de la educadora cuando la criatura siente plena seguridad en este entorno.

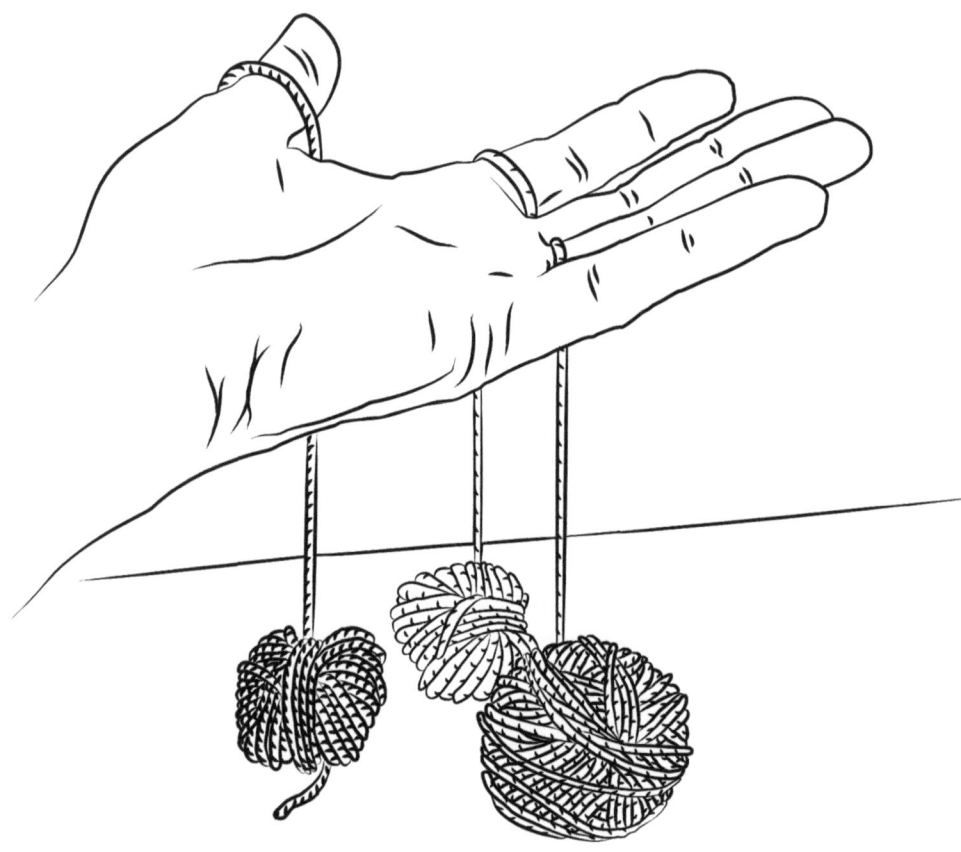

«Mira»

Mira. No para que veas la acción, o el objeto que tiene entre sus manos. No. El *mira* para que no pierdas la atención en quien está ahí y necesita de tu presencia. *Mirar* a un presente que transcurre en el océano del asombro, con la oportuna sensibilidad necesaria para prestar la atención que lo efímero requiere.

Mirar es la condición reguladora de la prosperidad del desarrollo infantil. Una mirada capaz de captar los conmovedores matices de la vida incluso con los ojos cerrados. Una mirada que es hermana de la escucha, las cuales no requieren de ojos u oídos, sino de la compleja conjunción de formación, sensibilidad, ternura y compromiso.

Mira. Miro. Lo que tenemos entre las manos no lo debemos coger ni manipular. Va más allá. Lo que la mirada mece, a su vez, las manos lo escuchan. Ahí, un educador que tiene frente a sí a niños y niñas que proyectan lo que son y que, en el calor de la convivencia, se interesa por hacer convivir las cualidades e intereses del grupo y de cada individuo. Qué complejo el mantener ese diálogo con el máximo respeto a cada una de las voces.

Justo en ese preciso lugar se piensa, duda, reflexiona, profundiza, comparte y nos alejamos de la pretenciosidad escolar para, voluntaria y placenteramente, dejarse atrapar por la compleja telaraña de su bordado educativo.

«Mira. Están sucias»

Llegado el momento, ofrecer pinceles, papeles, diferentes soportes, pinturas, texturas... y recubrir las manos como quien se frota con una pastilla de jabón, rescatando sensaciones escurridizas que bailan con la mirada del niño en primerísima fila.

Sensaciones ancestrales de aquel feto que apenas 24 meses atrás mantenía sensaciones táctiles bajo un lecho lubrificado. Mancharse, cubrirse, embadurnarse. Lavarse las manos y reencontrarse mirada y piel para volver a transformarse, ocultarse, acariciarse... y acto seguido decirte «Mira. Están sucias», y de nuevo volver a la reiteración de lavarse y cubrir su cuerpo.

Gestos que parten de un deseo profundo arraigado en la misma raíz de su identidad, y jugar para y con ella, y así cubrirla con permiso de sus manos y su piel para volver a tocar y sentir su Ser explícito corpóreo, el que se transforma y regresa nítido tras el lavado. Desaparecer y aparecer, cubrirse y descubrirse como alguien que siempre está independientemente de su apariencia. Actos que no acarrean conceptos; acaso recónditas consecuencias relativas a los sentires inconscientes de nuestra profunda singularidad.

Que la preocupación adulta por la denominada suciedad no sepulte los suculentos derroteros de una criatura que siente y percibe con hipnótica mirada las manchas sobre su piel. No manchemos el ensimismamiento con nuestros calificativos. Evitemos las inoportunas palabras que mal custodian a cada criatura. Mejor guardemos atentos silencios ante la duda. Miremos y engrandezcamos, estando al servicio de este compromiso sin ser prisioneros de esperar que se logre una expectativa determinada cuando ofrecemos materiales y situaciones que propicien estas posibilidades.

Seamos conscientes de todo aquello que tenemos entre las manos.

«Se ha salido»

Entre lo correcto y lo incorrecto, lo posible y lo imposible, lo arbitrario y lo consensuado, lo absoluto y lo relativo. Al almorzar, Bruno llena un vaso de agua, lo arroja sobre la mesa voluntariamente y dice «Se ha salido» con toda tranquilidad.[8] Lanzar, tirar, desparramar. Acciones frecuentes en torno a los dos años, con aulas que necesitan de la fregona como infalible aliada.

Se puede caer en la temeraria consideración del hecho como desafiante y a la postre actuar con gesto autoritario por el calámbrico espasmo que especifica la escena. Sin embargo, el niño está bajo el paraguas de la heurística en ese probar constante. Se concibe en el agua para descubrir en sí mismo las consecuencias oportunas que pudieran serle directamente atribuibles. En su reivindicación confecciona una distancia que le permite elevarse sobre las normas. Es decir, un «se ha salido» que, atreviéndome, bien podría representar un «porque me da la gana me he salido para descubrir lo que hay al otro lado del No», con el privilegio que otorga vivirlo sin asumir los riesgos en primera persona. También podría ser una manera de apreciar si siempre estarás ahí para que, en caso de que el que realmente se caiga fuera él, estés muy atento y lo recojas en tus brazos con toda la delicadeza del mundo.

Solo sé que detrás de un acto, hay un mundo. Los gestos aparentemente inocentes que surgen del muy adentro están plenos de significado. Metáforas del mundo. Un mundo al que privilegiadamente asistimos. Démosles su merecido valor. Y como sabemos muy poco de lo que pasa en el adentro y el

8. Obviamente, cualquier soporte es provechosa oportunidad.

afuera, que al menos nos sirva como argumento para respe-
tarlo. Respetar que se ha salido el agua. Claro. Y ofrecer mi
ayuda para recogerlo.

O recogerte.

«No quiero»

Sentir lo contrario y verbalizarlo brota de la confianza en un educador capaz de abrazar la divergencia y gestionar todo el enredo de pensamientos, acciones y sentires que lo circundan. Es muy frecuente escuchar a las criaturas expresar su oposición alrededor de los dos años, además de con la palabra, con actos como empujar, romper, tirar, esparcir, aplastar, etc., pretendiendo desequilibrar lo establecido y descubrir a su vez los efectos de contraponerse. Rompe, lanza... y te mira. Observa cómo reaccionas, cómo respondes en tal implícito y tácito diálogo. Gracias a las características definitorias de la relación de confianza, la criatura explora e interpreta[9] el mundo que le rodea. Es la forma de calibrar sus acciones, donde su respuesta de oposición no es menos trascendente que nuestra propia reacción.

A lo largo de estas líneas se aprecia el estar del maestro; no es un estar trabajando: es un saber estar en el trabajo. Un estar activo y posibilitador del niño ahí contigo, consigo, expresando lo mucho que tiene que decir y, por la salud del grupo, también contradecir. Dejemos de interpretarlo como disruptivo, desafiante, retador. Cada cual buscamos nuestro hueco, y es necesario que cada criatura presente su no verbal y de acción merecidamente comprendido por educadores capaces de navegar y dar el mejor rumbo a la complejidad de un aula de infantil.

9. Obviamente, la interpretación es un proceso relacional que requiere, entre otros, de un educador que referencia la percepción.

Por lo tanto, dignémonos a amparar desde el primer momento muchos noes que también, más allá del aula, representan la reivindicación de la identidad y autonomía personal[10] en un mundo cada vez más homogéneo, previsible, consumista y controlado.

Como para no oponerse a tanta injusticia y luchar dignamente por un mundo donde quepan muchos mundos.[11]

10. Así se exponía en la Ley 1333/1991 en su artículo 6.º el Área 1: Identidad y autonomía personal. Como curiosidad, desde la misma, no se ha vuelto a presentar en ninguna de las leyes posteriores en sus correspondientes Áreas de Experiencia, referencia alguna al significativo constructo Identidad.

11. La frase «un mundo donde quepan muchos mundos» fue creada por el Ejército Zapatista de Liberación Nacional y posteriormente difundida en numerosas publicaciones y exposiciones artísticas y musicales.

«Es mío»

La convivencia de un grupo humano porta rasgos exclusivos en su vivir. Crece y evoluciona por la confluencia de personas a lo largo del tiempo. Los adultos poseen, lógicamente, una mayor cronología histórica lo que, cuanto menos, supone que los primeros pasos en la vida colectiva requieran de esa mano adulta que aporta seguridad y referencias socioculturales. Saber estar ahí y guiar[12] su caminar nos permitirá, además, disfrutar de la belleza de un paisaje con intensas surgencias afectivas. Por lo tanto, absoluta atención a esos sucesos que no comprenden de chantajes ni reprimendas.

No creo que nadie nos tache de egoístas o acaparadores por preservar nuestras propiedades. Sin embargo, la generosidad en las escuelas es una urgente expectativa que suele ocasionar quebraderos de cabeza. Se les dice a los niños que hay que aprender a compartir, espetándoles que «llevan con ello todo el día», que «otro también lo quiere y se lo tienen que dejar». Y volvemos con la cantinela del bueno y malo, a los ángeles y demonios. Y somos quienes somos. Punto. Sin letra pequeña. Ni una cosa ni la otra. Ni ninguna. Cada cual es quien es y nadie está autorizado a lanzar la dañina etiqueta.

No resulta extraño que sobre tales sucesos aparezcan lecciones infructuosas sobre la generosidad. Una elaborada facultad tratada como una simple y llana cuestión de voluntad activable. Nada más lejos de la realidad. De algún modo, la capacidad infantil de colectivizar se entrelaza, entre otros,

---

12. Resulta necesario precisar que somos guía, referencia, profesionales de la educación con sabiduría y conocimiento. No somos en nuestro trabajo meros «acompañantes» de la infancia.

in-fan-cia

con el desarrollo de la comunicación en su amplia y diversa complejidad. Oportunidades para autoconocerse, reconocerse, conocer y reconocer al otro, tejiendo delicadamente el tan mencionado sentimiento de pertenencia. Aunque resulte claro y obvio, cuánto camino por recorrer.

Él dijo: «¡Es mío!». Pues claro que es tuyo. Una *parte*[13] de ti. Cuánto por decir de los objetos que traen a la escuela. No es el significante. Es la subjetiva carga de atribuciones la que lo dotan de tal específica trascendencia. Nutrirnos simultáneamente de considerados alientos en el cauteloso avance hasta llegar al punto donde nos damos los ojos. Y entregarse aquí, a ser recibidos habiendo ido nosotros previamente a aquel *nuestro sitio*. Ahora, el objeto es su puntal emocional, metáfora de la conexión con su hogar, sus olores, continentes de la seguridad, de lo más primario, de la protección y el calor familiar: de respeto innegociable. Para saber estar en esa separación afectiva del niño respecto al objeto[14] debemos ser muy escrupulosos y solidarios con estos lazos, con esa posesión que trasciende a lo material. Permitir poseer por nuestra parte es la antesala del lograr soltar por la suya, con un atento y continuo balanceo entre el dar y recibir. Cuidar y ser cuidado.

Compartir no es lo mismo que prestar, ni lo mismo que dar. Podríamos hablar del depósito –como contrato civil– que frecuentemente hacen los niños y niñas con su referente, confiándole la posesión de un objeto para que luego le sea restituido. No es prestar, no es dejar, no es compartir, y si es dar, es dar en depósito, con las obligaciones que ello conlleva de guardar la cosa y restituirla. Sin embargo, el maestro depositario suele traicionar al depositante, poseído por una fiebre que le lleva a evitar cualquier vacío de poder sobre las cosas: «hay que compartir» –como sea– y, «si no lo estás usando es

13. Ni suyo ni nuestro. Ni solo ni fusionado. Las supersticiones, de algún modo, también enlazan a la persona con la nueva situación. Los amuletos son, también, elementos de gran significado situacional.

14. Una separación del objeto comprendida no por el avance lineal desde lo intrapersonal a lo interpersonal.

para otro niño o niña», «se acabó el tiempo de jugar y ya no te lo devuelvo, hay que guardarlo», y otras lindezas por el estilo.[15]

Porque prestar y compartir se convierten en condiciones alejadas de la criatura cuando el objeto que posee forma parte de ella y lo reivindica con contundencia, más ahora que gracias a la escuela los vínculos se han ampliado más allá del hogar. Ansiosa enseñanza con tintes de persuasión la que culmina con el desgarro del objeto y la consecuente huella de inseguridad incomprensible.

Un mundo que está para ser tomado y, sin embargo, antes de abarcarlo y comprenderlo suficientemente, apremian insensatas prácticas para apaciguar deseos coincidentes; el que lo tiene que lo entregue sin compartir; el que no lo tiene que se espere, y lo que sea que esté entre las manos de ambos, que sufra la volatilización de su valor afectivo hasta morir de contrasentidos.

Profundicemos en el conocimiento del desarrollo infantil como parte de nuestro quehacer. Establezcamos un permanente cuestionamiento.

Seamos generosos.

---

15. Tales consideraciones sobre el compartir, prestar y dar son propias de mi gran amigo Pablo Rodríguez Aguirresarobe, fruto de las fértiles tertulias alrededor de la lectura y, como él expresaba, de su «vena jurista».

in-fan-cia

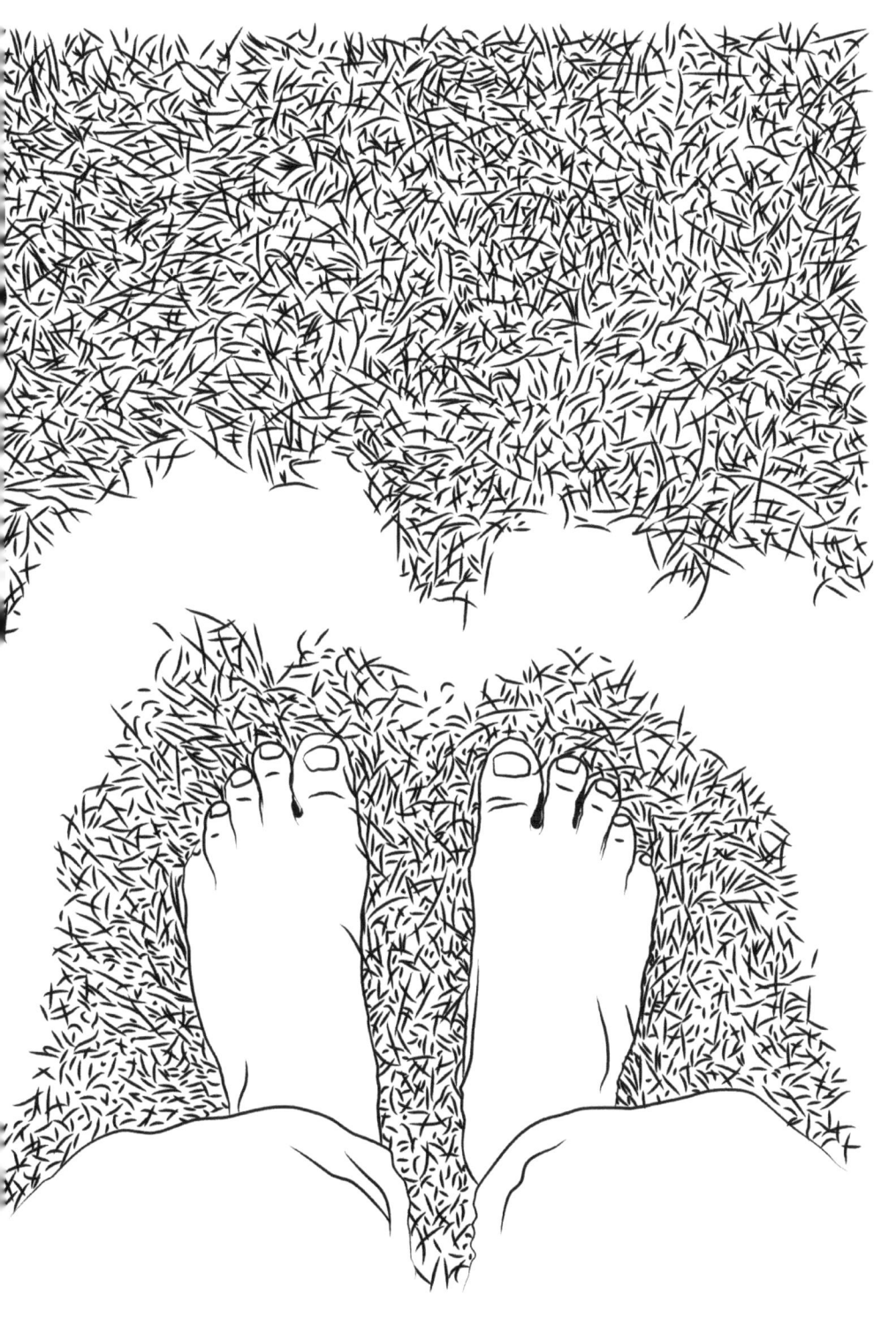

«Me quito los zapatos»

Como actúan la mordaza en la boca, los tapones en los oídos y la venda en los ojos actúan los zapatos en los pies. Ni hablar, ni escuchar, ni ver, ni disponer la planta a tal valioso contacto. Hasta el agotamiento se habla en las escuelas de manualidades mientras se evita reparar en los otros que también tienen cinco dedos en cada uno, cautivos e insensibles por las infranqueables suelas de goma aliadas con las férreas ataduras del zapato. Niños y niñas que, en su «Me quito los zapatos», aspiran a *nuevos pisares* sobre emocionantes sendas de esperanza. Caminos que se abren sin zancadillas ni pisotones, plenos de amparo y *escucha en alto* a aquellos pasos capaces de ampliar el significado de sus zancadas. Conmovedoras andanzas que también invitan a darnos la mano en unión sentida y cómplice o, por qué no, *a dar los pies* al lugar que nos devuelve la posibilidad de respirar con sus diez dedos.

Sin embargo, revolotean paradójicas creencias limitantes y de peliagudo cuestionamiento a la acción en su plenitud descalza, en nombre de la supuesta seguridad y de los buenos modales. Entonces, ¿crecer en armonía con una parte del cuerpo en cautiverio? ¿Descubrir y explorar el entorno[16] impidiendo el completo y sincero contacto con el mundo?

16. Real Decreto 95/2022, de 1 de febrero, por el que se establece la ordenación y las enseñanzas mínimas de la Educación Infantil. En dicho R. D. en su artículo 8.º exponen las Áreas, siendo la primera y la segunda de ellas Crecimiento en Armonía y Descubrimiento y Exploración del Entorno respectivamente.

in-fan-cia

Calzado para adecuar el pie a la calzada empedrada de un mundo que recrimina al pie descalzo inocentemente subversivo. Sin embargo, al retirarse los zapatos, las personas viven intensas experiencias que van mucho más allá de la percepción háptica, al imprimir en el lugar una simbólica y profunda huella que traspasa los límites de la aparente inocencia de la pisada.

Las personas adultas, por favor, probadlo. Puede que sea el primer gesto para liberarnos de muchas otras causas que nos constriñen, y tomar con la planta desnuda rumbos que no se caracterizan por ser a su paso meros pies marcando sus huellas en el camino. No vinimos aquí a consumir un paseo finito en soledad. Los pies discurren en pareja, y la pedagógica, también. Una al lado de la otra, sin pisarse en la referencia mutua de su mismo transitar.

«Me hago pis»

El *hacer pis y caca* se basa en la complicidad entre un adulto y una criatura que, a su debido tiempo, logrará contener lo que posee para dejarlo en ese punto concreto que hemos negociado tanto.

No *te,* sino «Me hago pis». Sucesos únicos donde nuestros actos prescriben las consecuencias. Dañina inconsciencia el concebir los primeros indicios de la retirada del pañal como un interesado y perverso escopetazo inaugural del haberse hecho mayor por imperativo. ¿Acaso ahora nadie merece amparo y comprensión en este nuevo episodio? ¿Y esta brusquedad? ¿Acaso en este delicado momento nadie puede permitirse SER y sentirse humanizado?

Resulta inquietante que sobrevuelen hirientes desatinos verbales («ya eres mayor», «haces pis tú solo», «te mereces un premio por hacer pis en el orinal», «qué bien sin pañal» o, «no te hagas otra vez pis encima que ya no eres un bebé») capaces de producir profundas incisiones implícitas en el Ser sintiente de la criatura. Atrevimientos e insensateces que obstaculizan la transición segura desde la contención que aporta el pañal a la contención fisiológica, instrumentalizando en su caso al pantalón mojado o sucio como una prueba fehaciente de la cuenta a pagar por una fechoría o una traición. Sin embargo, se habla hasta la saciedad, entre otras, de que respetamos el *ritmo de cada niño y niña*, de que *atendemos a la diversidad* y sus necesidades, pero, paradójicamente, a los tres años y en septiembre, deben comenzar en la escuela sin

in-fan-cia

pañal.[17] Perversas prácticas que disfrazan la hostil indiferencia de quien no está dispuesto a efectuar un acto responsable y justo.

Hace tiempo, una mujer me preguntó respecto a nuestra profesión: «Y si se hace pis un niño, ¿tú le ayudas a cambiarse de ropa?». Uno de los recuerdos más vivos que ella tiene de la escuela fue aquel día que, al haberse mojado el pantalón al orinar, su maestra le obligó a sentarse en un radiador para que se secara. Antes de dejarme responder, dijo que, por favor, siempre ayudara a la criatura. Peligrosa truculencia arrojarla a semejante señalamiento y abandono en el que nadie le da la mano como se merece en su camino de crecer. Injusticia aumentada por un alto precio a pagar en forma de una espera solo acompañada por la humedad incómoda de su pantalón. Una criatura que, ahí, aun bajo la tutela de la escuela, se encuentra desamparada, resquebrajándose, por momentos los puntales de la confianza que en algún tiempo previo hubiera logrado erigir.

Como me dijo aquella mujer, por favor, por deber, por humanidad. Fijémonos en los fines, objetivos, las orientaciones metodológicas y las áreas del currículo para darnos cuenta de que es nuestra obligación y responsabilidad abordar ese desarrollo integral y armónico que tantas veces gusta pronunciar y dejar, sin embargo, bailando al son de la retórica vacía.

17. Por especificar, se trata de una arraigada norma implícita. No obstante, hay escuelas y profesionales que tienen la consideración y sensibilidad que la situación requiere.

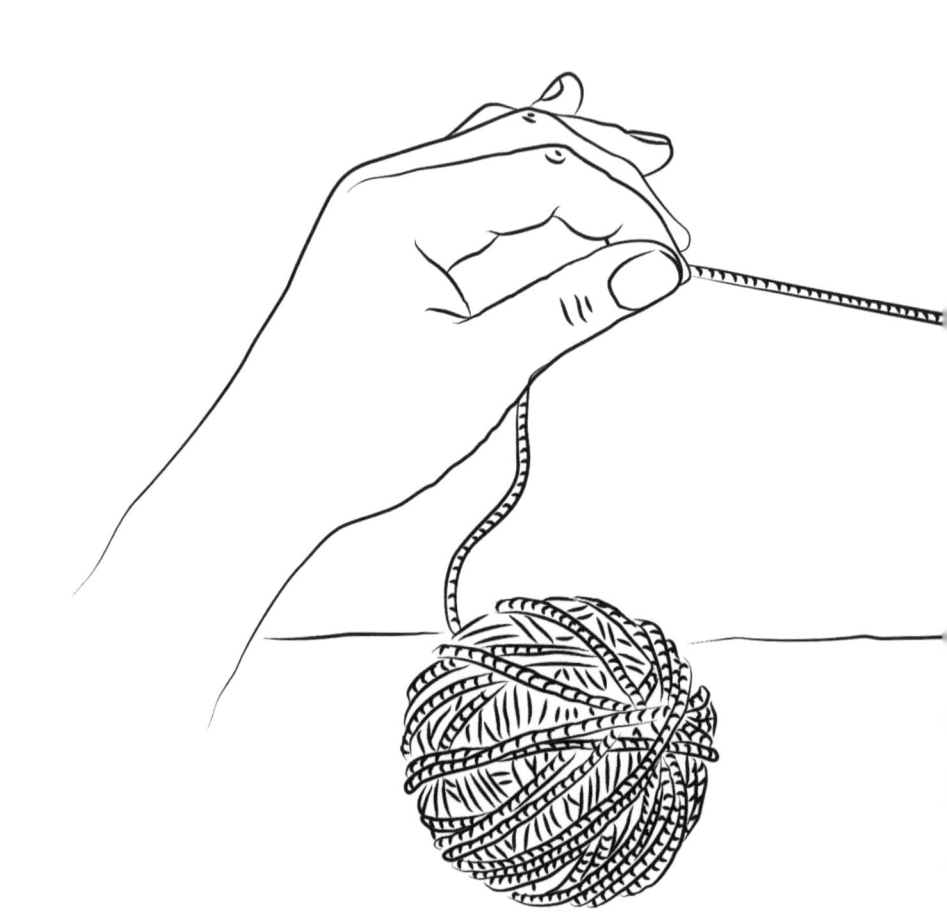

«Tengo hambre»

A vueltas con la satisfacción de las necesidades más primarias. Algo de lo que no hay duda en el mismo lugar donde, sin embargo, abunda con excesiva frecuencia la solicitud de la autorización adulta. De gran incoherencia educativa conjugar permiso, necesidad, satisfacción y autonomía y que la voluntad de la criatura sea sometida a la audiencia maestra que otorga (o no) la aprobación a realizarse.

Un plato con gajos de mandarina y trocitos de kiwi. En la balda inferior manzanas y naranjas esperan su turno para ascender al plato. Al lado, vasos custodiados por una jarra de cristal llena de agua. Tenue goteo de criaturas a ese lugar para tomar un pequeño bocado que llena algo más que la tripa. Ahí, nuestra atención plena. Aquí, el acceso sin aduanas a un plato incondicional que neutraliza la necesidad de socorro a un estómago pidiendo auxilio.[18] No encuentro aristas y, sin embargo, genera sorpresas en aquellos adultos que, al verlos masticar, exhalan resonantes esputos verbales que comparten la denuncia y el asombro a partes iguales: «están comiendo». Sí, y respirando, y viendo, y viviendo. Como si se confundiera la sinceridad y la conveniencia del acto con ser una acción incomoda, desviada o desafiante. Como si inquietara descubrir que son conscientes y responsables de las decisiones de su propia vida.

Mantengámonos atentos. No creamos que tal oportuna expresión es solo una demanda subsanable con el simple hecho de ofrecer unos platos y vasos. Tal espontánea mani-

18. El comer también como valor de encuentro, de sumo placer y sentido social.

festación es un tener hambre de mucho más que de comida: hambre de vivir, de desear, decidir y hacer. De ser realmente un ciudadano libre de cualquier forma de opresión o de control autoritario.

Ahora, cerremos los ojos para ver un lugar en el que niños y niñas se alimentan sobre singulares platos repletos de confianza y oportunidades que silencian los socorros a su necesidad secuestrada, mientras componen canciones que aglutinan diversas voces y silencios guiados con la batuta más atenta y elegante de su director de orquesta.

«Quiero ir a mi casa. Quiero a mi mamá»

Permitidme dudar de que, en este lugar donde se cocina una entrañable atmósfera de complejos enredos emocionales, nunca aparezcan estas transparentes declaraciones al estar al otro lado del anhelado hogar.

Reprimir el suspiro o el llanto de quien echa de menos es propio de quien lo entiende como el fracaso de su refugio. ¿Acaso lo solventa aplacar su pena? Una manifestación sincera que, sin embargo, genera una conmoción de tal magnitud que detona dañinos automatismos que instigan a la criatura a exhibir siempre su mejor cara.[19]

No se trata necesariamente de un no quiero estar contigo, pero, en este momento, su hogar es el sublime ideal pretendido de quien lo añora. Y ahí, en coherencia, nos presentamos con el cuerpo y la voz que abriga y alivia el sofoco, adecuando la cercanía a un cuerpo que requiere de un simbólico y cuidadoso recipiente que contenga su sentir, su palabra y su llanto. Confío en la persona que ayuda a esa criatura a hacer descender nuestro simbólico plato de la balanza por el peso de la confianza lograda. No obstante, cuidado con querer alcanzar forzadamente ese punto de equilibrio tan preciso y delicado. Cualquier acción vaga o precipitada puede hacer que se requiera reajustar de nuevo su balance.

Él aquí, en su distancia, donde la evocación engrandece el deseo cuando se respeta el *echar de menos*. Imaginarle,

19. Se infiere que, de tal *buena cara*, exista su *mala cara*, y cada una de ellas alberga sus respectivos atributos. El niño presente, esto es, su dar la cara, es un acto de genuinidad, por lo que se anula cualquier sentido de adjetivación o de cambiarla por cualquier otra. No obstante, la realidad dista mucho de ser así.

y sentir en sus adentros lo que le dará cuando le vuelva a ver. Abrazarse, tocarse, olerse... en la espera de quien tiene hambre *del otro* para colmarse en el reencuentro. Él sitúa a su padre en el lugar de los recuerdos íntimos plenos de sensaciones que se extreman por su ausencia. Salir de la escuela y refundirse con un abrazo ajustado a la efusividad que venía cocinándose sobre el fuego lento de la distancia afectiva, como si ambos fueran parte de un mismo enigma que cada reencuentro les permitiera descifrar. Quién lo sabe. Mejor así.

Y, tras el echar de menos, un nuevo y sereno vaivén que los lleva a descubrir ambos lados de la balanza, con los delicados gestos de quien añade en cada plato consistentes argumentos implícitos para confiar aún más en una familia que le ofrece un lugar como este.

«Queremos estar solos»

Desde lo más sencillo. Encontramos un enorme hongo yesquero sobre el tronco de un chopo moribundo. Hablamos sobre él, de su forma, su tamaño, además de comentar su valor para hacer fuego. Posteriormente, elaboran su gradual distanciamiento de mi referencia correteando entre los árboles, hasta establecerse en un punto lo suficientemente lejano como para no percibir con nitidez lo que allí sucede. Apenas habiendo dado unos pasos para estar cerca del grupo, Malena me entumece al decir con una mezcla de rotundidad y súplica «Queremos estar solos».

Tomada mi nueva ubicación contemplo sus juegos tribales aderezados con sus palos alzados al cielo. Ellos, allí, manteniendo una conveniente separación que les dispone a probar los sabores de la amistad sin nuestro estorbo, en un mundo que necesita del encuentro sincero y no programático e hipervigilado que tanto acostumbran a ofrecer las escuelas. Su contundente demanda de *querer estar solos* es muestra y reivindicación de su empeño por seguir agrandando las conquistas de su independencia. Un *ya basta* en forma de exclamación coherente con su deseo de establecer relaciones soberanas sin el control y juicio adulto que, por desgracia, tanta capacidad tiene de pervertir lo que bien emerge.

En ningún caso es abandonarlos a su suerte. Es confiar[20] en la vida misma con unos ojos que no llegan a ver lo que

---

20. Confiar no en la suerte, no como seres pasivos a merced de los sucesos. Confiar en su desenvolvimiento autónomo requiere de un maestro referencial que aporta por su experiencia y sabiduría seguridad y conocimiento. Solo con la culturización crítica colectiva se logran los mejores calzos para adentrarse en el complejo entorno. Como reclamo a lo largo de la lectura, cui-

alcanza la *mirada*. Y estar ellos allí, regodeándose de todo aquello que emana de oportunidades como esta, mientras desde *nuestro sitio* continúo solidificando los argumentos que me impulsan a no aferrar nuestros pies en la nociva ubicación del conformismo.

De todos modos, no valoremos solamente el préstamo y permiso a partir de la distancia física como suficientes. Todo está mucho más allá. En ellos, ahora. Para siempre, aquí, a lo lejos.

---

dado con dejar a las criaturas a merced del abandono peligrosamente justificado con afirmaciones como «partir de sus intereses» o, «no coartar la libertad y espontaneidad del niño», situando cualquier esencia individual interna como previa a las circunstancias relacionales en la definición de su identidad personal. Querer y expresar el «estar solos» es fruto de un concienzudo ejercicio de una muy específica proximidad adulto-niño.

«Con mi papá juego a ver cosas con los ojos cerrados»

La educación infantil es un proceso de humanización caracterizado por la simbología y la capacidad de crear mitos. Olivia alcanzó el lugar que permite ir más allá de lo visible. Intimidad infranqueable en la libertad absoluta que habita tras los párpados. Pero esto no es solo propio de ellos; señalemos la importancia de la vista tan profunda que habilitan nuestros ojos cerrados siempre bien atentos en las aulas de infantil.

Olivia solamente añadió razones para seguir investigando lo que significan conceptos pedagógicos como la *mirada* y la *escucha*. Una forma de saber *mirar* gracias al trabajo en equipo, como el que tiene con su papá. Unos ojos cerrados que amplían las perspectivas de aquello que vemos y dejamos al campo de la prudente interpretación para construir nuevos paradigmas sobre la escuela y la sociedad que deseamos. Solo se logra con esos *ojos cerrados* propios de los referentes seguros y sabios que nunca cejan en su empeño de brindar maravillosas oportunidades. Como su papá.

Cerrar los ojos consiste en un particular *mirar* sin limitarse al *ver*, ampliando la capacidad de crear y retarse a la autoexigencia de ser cada día más pulcro en la práctica educativa. Un cerrar los ojos para expandir un horizonte que se muestra finito en la visibilidad y esperanzador al bajar las persianas.

No cerremos los ojos como quien no quiere mirar. Abrámoslos como esa niña que lo ve todo posible gracias a su capacidad de *ver* el mundo que pretende.

«Mañana vendré a un cole nuevo. Voy a hacer 4 años»

A lo lejos le veía venir con un ímpetu fuera de lo común, con un halo a su alrededor que impedía centrar mi atención en cualquier otra cosa. Sin haber detenido su paso completamente y con los ojos muy abiertos, me lo dice desbordado de emoción. *Escucho alto.* Lo digiero. Lo saboreo.

Los cumpleaños en los adultos sientan como marcajes a contratiempo de un tiempo a la deriva. «Cómo pasan». «Otro año más». Fecha concreta forjada a fuego que marca el ritmo agónico del frustrado y absurdo deseo de la eterna juventud, o de regresar a un pasado que siempre se dice que *fue mejor*. Tiempo evocado de forma perversamente interesada, como si fuera una parcela conclusa y desgarrada de la biografía en formato de escenas hipócritamente idealizadas.

Sin embargo, los niños y niñas no deshojan los años. Los sienten y perciben en ellos mismos los cambios de toda su existencia. Los celebran como hitos y lo proyectan en el *cole nuevo que* habitarán a partir del placentero hito de clausurar lo anterior por la plenitud de *vivir a su debido tiempo*.

Nicolás comparte su fogoso anuncio para que seamos cómplices de su nuevo episodio desde la perspectiva y referencia que le da su Yo anterior. Capacidades a los 4 años que, al ser congregadas en este lugar, alimentan su grandeza de cara a afrontar los retos que surgen al crecer. Profunda y emocionante expresión que trasciende al propio valor que tiene su día de cumpleaños. El niño declara ahí ser consciente de sí, de dónde vino y adónde va. Hechos que impiden a la escuela comportarse como un recipiente de lances esporádicos del calendario. Educar, también, es un fenómeno dinámico y continuo de amarre y encuadre espaciotemporal por las

referencias que aportan educadoras que, en la liturgia coti-
diana, condensan el vapor de la vitalidad en lo más profundo
de cada criatura.

«Te vas a morir»

Javier trepaba un árbol aventurándose a ir al lugar donde solo alcanza la vista, a crecer, a llegar a lo más alto. Ninguna criatura se resiste al deleite de la perspectiva que otorgan las alturas. Riesgo dispuesto a asumirse en el ascenso y, al otro lado, riesgo convenido a no impedir ver y sentirse valeroso por lograr más que un subir a las alturas.

Por descontado, nuestra confianza en esas manos y pies que se sujetan a las ramas para conservar la integridad física y declarar su valía, al tiempo que percibe a un adulto cerca que anima sin arengas o alertas, con la atención a un ascenso iluminado por un sentimiento de *yo puedo* porque soy digno de confiar.

Nerea, con los pies en el suelo, expresa «Se va a morir». Él en las alturas experimenta la vida observándola desde la ubicación prohibida a los terrestres, dependiendo su integridad de sus firmes agarres. Concentración máxima. Labios apretados. Sin presentar pestañeos. Entretanto, movimientos muy lentos, seguros, precisos y contenidos. Silencios que trazan el recorrido al encuentro sobre la delgada línea que le descubre los riesgos asumibles. Oportunidad para valorarlos, para concebir nuevos horizontes valedores de su autoestima, de su Yo capaz estimado por una particular atención y abrigo a sus conquistas.

Al llegar al suelo me dice que ha llegado muy alto. No para que lo sepa; afianza su hazaña como parte subrayada de su biografía y así rescatar aquel hito entre tantos. Él es aquel que puede. Yo soy la discreción del que habilita y empodera. A su vez, ella supo desde el primer instante lo que Javier tuvo *entre las manos*. No hay mayor autenticidad en la vida que jugársela en los juegos que acarician la muerte. Trances que, entre las ramas, enfrentan el vivir y su pérdida, para descubrirse y respetarse de por vida. Estar vivo porque muero. Seguiré vivo porque puedo, porque me quiero y me quieren. Porque todo tiene su trascendental sentido.

Una vez llevados los pies a la tierra Nerea le dio la mano; una mano que, en el ascenso, le esperaba pacientemente y atenta con los ojos fijados ahí arriba para algo más que acompañarse durante el camino de vuelta. Congregar sus manos trasciende a la piel con piel, donde juntos se aportaron la fecundidad de la comunión entre la hazaña y el entusiasmo por reencontrarse. Manos de una vida sujetas a las ramas. Y a ti. Para que sepas que ahora nos queremos con vida y, por eso, te necesito con los pies sobre el suelo, para que libremente estemos en las nubes cuando nos plazca.

Comprender y aceptar la finitud de la vida aporta mayor profundidad de significado a nuestra sentida narración vital. En la escuela afloran sensibilidades propias del proceso trascendente de saber que somos un episódico transcurrir maravilloso. Qué sensible. Qué privilegiada oportunidad estar en el lugar donde el saber de sí se trata sin prejuicios ni desprecio a la crucial importancia que tiene la muerte sobre nuestra existencia.

«No quiero hablos»

Hasta ese instante, no me hacía una idea de la cantidad de veces que necesitaban despojarse de mí y de que me fuera a *mi sitio*. El que sigo precisando. Ansiado y movedizo lugar entre los polos abandono y atosigamiento. Que sirva de consuelo que ella se expresó y salvaguardó lo que tenía entre manos, pero sofoca pensar que habrá habido innumerables *hablos que* llegaron a interrumpir pretendiendo justamente lo contrario.

Considerarla palabra o término resulta insuficiente. Sobrepasa la gramática y absorbe el sentido de la escena en las que la coreografía compuesta de personas, materiales, tiempos y espacios había perdido el paso. Ruidos estridentes en formato de *hablos* ignorados hasta que se topan contra quien tiene la capacidad de poner freno a un asunto rebosante de matices emotivos emperifollados de ornamentos en forma de ruidosas palabras que portan en su exhalación un pernicioso perjuicio.

A su demanda, la respuesta tenue, en modo de retirada silenciosa y sin apartar mi vista de la distancia que se va tomando. Con un par de metros de distancia entre ambos, se cruzan nuestras miradas y aprecio su complacencia al encontrarme ahora en este lugar nada caprichoso donde los *hablos* no pueden campar a sus anchas. Una muestra más de que, sobre todo, se educa con las formas, como el simbólico bisturí que, con solo acariciar, puede definir la vida o producir negligentes heridas.

«Me voy a curar jugando»

Nerea presenta una tos que actúa a modo de *toc-toc* sobre una puerta que aquí siempre estará abierta. Acude a su mundo inefable para curarse desde dentro y para sí. Jugar no es una metodología, ni un recurso para el aprendizaje. Es una cualidad humana inherente al desarrollo que nace en el regazo de la confianza. Eugene Fink lo considera un fenómeno existencial:

> [El Juego] impera y gobierna de punta a cabo la entera existencia humana, y determina esencialmente su modo de ser y también el modo del comprender humano del ser. Atraviesa los otros fenómenos fundamentales de la existencia humana y está con ellos indisolublemente trabado y entrelazado.[21]

Y ella ahí, con la particular tos de un catarro que paulatinamente desaparece al sumergirse en aquel jugar que perfila un halo de intimidad pleno de comunicación y corporeidad entre criaturas que inspiran *otros aires*. Un mundo al que accede hechizada. Nos queda, cuanto menos, considerarlo sin juicios. Jugar no es una actividad productiva. Nace de los adentros a alcanzar el preciso lugar quimérico que conjuga principalmente realidad y deseo.

Las escuelas: sean el espacio privilegiado para el encuentro y la construcción de una vida en común sin diluir identidades. Las educadoras, pañuelos que con delicadeza recogen un toser que los lleva a descansar de nuestra vorágine y a

21. Fink, E. (2011). «Fenómenos fundamentales de la existencia humana» (Trad. C. Holzapfel.). *Revista Observaciones Filosóficas*, (12), 217. (Obra original publicada en 1979). https://www.observacionesfilosoficas.net/download/fenomenosfundamenta- les.pdf

recomponerse. Jugar es salud y su devenir la más nutritiva de las dietas del desarrollo humano.

Como siempre, no todo vale. Nuestro papel se torna perverso si nos autocomplacemos con el superficial espeto *dejar jugar*. Se requiere de mucha atención y prudencia dispuesta sobre complejos saberes. Con ello, provocarlo siendo minucioso en el ofrecimiento, en nuestra disposición a él (sitiarse), estableciendo un clima relacional que, al igual que el juego, es sumamente frágil y preciso.

«Hasta mañana»

Hasta. El punto y seguido.

Mañana. La palabra posterior al punto y escrita con el nuevo amanecer.

La despedida diaria no es un coma inducido para mañana recobrar la consciencia. Se viven experiencias que fluyen entre el hogar y la escuela, sin interrupciones, comenzando con un *buenos días* y cerrando la jornada con un *hasta mañana* para caminar hacia el dulce hogar.

Comenzar la mañana abriendo la simbólica puerta del reencuentro con saludos espontáneos jamás inocentes sobre los que vertebrar el nuevo día. Miradas, sonrisas, voces y gestos de aprecio y reencuentro al crear cada criatura, una bienvenida de piezas únicas y genuinas de orfebrería intangible. Todas diferentes. Todas guardadas en un cajón eterno. Culminantes epopeyas de la cotidianeidad guarecidas de la rigidez de ciertas agendas, los calendarios y los dichosos horarios. Absurdos, como quien intenta empujar el sol del amanecer para acelerar el tiempo deseando la banal ilusión de alcanzar una inmediata meta sea en forma de resultado, producto o placer.

Para culminar, nos hallamos en el precioso ocaso, delicado remate de una jornada vivida sin interrupciones, sobre un continuo hilo de diversas experiencias por las que se avanza sobre costuras invisibles.

Casi las 14:00 horas. Ceremonia de clausura. Reencuentro para cobijarse en el grupo tras una jornada emocionante. Rituales de un tiempo capaz de redondear los detalles de un día irrepetible, brindando a su vez el placer que les suscita el transitar por la línea que les une con sus respectivos hogares.

Ahora es necesario cerrar sin dar un portazo para degustar los últimos ecos de hoy, consecución del día de ayer y el sustento del día de mañana. Un nuevo capítulo de su propia novela autobiográfica que siempre continuará. Días que siempre contienen innumerables mensajes que dan buena cuenta de las vidas arropadas sobre la suavidad de este delicado manto educativo.

Hasta aquí, solo unos (muy) pocos de ellos han sido tomados como pretexto de humildes poetizaciones con la intención de mostrar las aguas más profundas de un aula de educación infantil. Inaccesibles lugares para quien no está ahí y, quienes estamos, sabemos que es una ínfima parte lo que se ve y lo que sabemos, y una inmensidad inalcanzable la que realmente configura la totalidad de este mundo.

Cada día en la escuela tenemos la oportunidad brindada para narrar un intensísimo capítulo.

Aquí y ahora, escribimos nuestro punto y seguido.

Hasta mañana.

Mirarse

Un educador *a ras de suelo* no cesa en la búsqueda de su exquisitez[22] profesional. Para ello, *mirarse* permite evidenciar acciones e ideas para su reflexión, análisis y consideración de oportunas variaciones con las que definir un rumbo ajeno a la estridencia de determinadas prácticas y perspectivas. No obstante, dudo que alguien esté libre de todas ellas; enraizaron en nuestro subconsciente y hacen acto de presencia a través de gestos y palabras que requieren ser elevadas a la plena consciencia para darlas su más que merecido retiro.

Sin embargo, el aislamiento educativo caracterizado por un maestro a solas con un grupo de niños y niñas nunca alcanzará la fertilidad del trabajo cooperativo que define la *pareja educativa*,[23] donde la sincera acogida de las diversas perspectivas conlleva necesariamente el desempeño de un ejercicio de transparencia y enriquecedor conflicto sobre la figura profesional que cada cual contiene. Como bien expone Salamanca (2011), «debemos abandonar los prejuicios de la vida en pareja dentro del aula, sentirnos cómodos y dispuestos a la crítica», como una importante medida capaz de disolver el caparazón de la práctica profesional en solitario.

La observación de lo que somos y hacemos en un aula carece del suficiente significado y trascendencia si nos mantenemos a solas en el interior de tal burbuja infranqueable. De poco sirve hablar de comunidad educativa cuando se condena al educador a ejercer en solitaria responsabilidad una labor

---

22. Exquisitez referida a ser una acción coherente, sin formulas a base de «recetas exportables».
23. Loris Malaguzzi es el mentor de esta concepción.

in-fan-cia

carente de espejo referencial. *Mirarnos* mutuamente es una gran oportunidad para narrar y crear una realidad educativa a *varias* voces,[24] emprendiendo así proyectos donde el beneficio de nuestra imperfección implica compartir y complementar cuidadosamente conocimientos y vivencias (también) sumergidas bajo lo aparente.

Actualmente, resulta muy complejo habilitar espacios para la crítica profesional constructiva y penetrante, donde los frenéticos intercambios urgentes carentes de profundidad sepultan numerosas oportunidades para comprender y vestir nuestras desnudeces pedagógicas. Todo apunta a que en nuestro presente la *voz* cuenta poco, el lenguaje corporal se amordaza y el cuerpo concluye en un lucrativo producto de enfermizo deseo despojado de su corporeidad. Apenas nos quedan vestigios del contacto de la piel y de las miradas cuidadosas y atentas. Las voces de las relaciones humanas fueron acalladas por la absorbente conexión virtual y las excesivas caricias a su despótica pantalla. Urgencias escolares en muchas ocasiones ajenas a lo educativo, en forma de un ruido informativo histriónico que sepulta a quienes osan a decir basta y a tratar con rigurosidad las formas y el fondo de nuestra práctica.

Ante tal escena, mayor relevancia la de la maestra dispuesta al dialógico conflicto. Y en el aula, quien cuida la *voz* no solo insta a la audición. Con los niños y niñas, la *voz* educativa guarda su importancia tras la envoltura léxica, conteniendo en sus palabras profundos significados irrepetibles. Son al unísono la fragancia del mundo interno de la persona y la envoltura relacional específica en el momento exacto de dirigirse al otro.

Ahí, el oportuno maestro que observa e interviene con las palabras justas y necesarias a su debido momento sin invadirlo todo. Sin silencios de funeral. En su *sitio*. Con un cuerpo que contornea la voz y viceversa. Un saber estar enormemente

---

24. Salamanca, C. (2011). «Dos docentes, dos miradas: la pareja educativa». *Tarbiya, Revista De Investigación e Innovación Educativa,* (42).

difícil de explicar y que nunca será completo. Menos aún en la práctica solitaria que la inmensa mayoría de profesionales vivimos y nos llevan a elaborar nuevas maneras de *mirarnos*[25] al referido espejo para seguir progresando.

Es evidente el injurioso efecto del consumo de modas e imágenes vacías y otras vaciadas en escuelas embadurnadas de tendenciosa formación sin rumbo ni horizonte templado. Las pantallas van ocupando cada vez más el campo educativo, legitimadas e incluso potenciadas sin apenas límites, hasta el punto de normalizar comportamientos sumamente tóxicos que nos plastifican el ánimo. Pero en la educación infantil la esencia radica en otros lares. Son imprescindibles las *voces* de sentida *escucha*, las *miradas* sinceras a los ojos de los niños y de sus familias. También *voces* en escritos que tengan en cuenta que somos y estamos de/para la relación y no solo para la notificación. Compartir un «¿Qué tal estás?» mirándonos a los ojos y rescatar aquella simbólica ceremonia postal cuando nos contábamos la vida, con ese niño que va del hogar a la escuela y, como buzón de enredos emocionales que somos, recoger cada mañana un resuello tan estremecedor como la más sentida carta manuscrita.

25. Nunca serán suficientes.

in-fan-cia

El otro aire

En cualquier escuela nos encontramos a muchas personas: maestros, personal de la cocina y comedor, familias, niños, etc. Cada cual tiene una presencia aromatizada muy particular compuesta por sus andares, su rostro, su voz, su vestimenta, su pelo. Su todo. *Muchos todos* que, en su confluencia, generan el particular ambiente que se respira.

Reducir la respiración a la fisiología es como tratar a la escuela cual centro de enseñanza que desconsidera la tranquilidad, el deseo y el optimismo. Del mismo modo que no se educa para aprender, no se vive para respirar. El desarrollo armónico es la consecuencia de ese *otro aire* cargado de purificadoras corrientes que desplazan al vértigo escolar y permiten a quien lo habita inspiraciones profundas.

Atmósferas de escuela. Intangible realidad que se intuye por perfumes que desprenden los lugares y convivientes. Compromiso de expandir y oxigenar de pureza y salud. Nadie desea la asfixia y, sin embargo, cuántas veces escuchamos que el tiempo «no me da» para sacar la cabeza de debajo de un agua que no sabemos por qué razones tantas veces alcanza la barbilla.

El agua para regar, como los abrazos y sonrisas sinceras de un bosque nutrido por el silencio. Abrigo del canturreo que induce a *cerrar los ojos* y a abrir la *mirada* desde la distancia precisa que cada niño reclama en su siempre oportuno *vete a tu sitio.*

Lo que se expone a continuación son deliberaciones tras una reunión o una conversación de pasillo, o comentarios que salpicaron por haber estado cerca de tales sobrecogedoras expresiones. Habrá muchas que, como pasa con las de los niños, también me pasen desapercibidas o, por todo lo que nos resta aún, sea coautor de su uso. Espero en algún momento de mi ejercicio de retrospectiva considerar que supe limpiar mis metafóricos oídos. Ahora, sigo puliendo la escucha de esta otra vertiente, la que uno mismo dice y recibe de aquellas personas que nos dedicamos a la educación.

A continuación, pretendo reflejar y compartir la agitación interna producida por determinadas soflamas adultas para que, con toda discreción, cada cual lo traslade a la realidad educativa que considere oportuna.

«Vamos a trabajar las emociones»

El adulto ejerce una función que canaliza el sentir de la criatura para ser acogido, acompasado y sostenido con complicidad. Detengámonos a pensar sobre nuestra actitud de escucha cuando llora, muestra enfado, tristeza o, por otro lado, cuando sonríe o se sorprende. Todas son expresiones emocionales plenas de sinceridad y, sin embargo, cada una acostumbra a llevar su prescriptiva etiqueta: ni positivas ni negativas como generalmente se clasifican, ni aprendidas desde la no vivencia o desde una vertiente puramente conceptual. Todas ellas son espontaneidad sincera en ocasiones escoltadas por referencias adultas que llevan a cabo un ejercicio opuesto a determinadas prácticas que, cargadas de artimañas, pretenden reprimir y ocultar bajo la simbólica alfombra lo que incomoda al asistente que pudiera presenciar tal sincera escena. Emociones cohibidas bajo la estrechez de ciertas normas insensibles de pernicioso habitar entre el bien y el mal. La perversión del esfuerzo, la recompensa, el castigo y la calificación como sentencia. Actos en las antípodas de lo educativo que encapsulan las emociones posteriormente servidas al engañoso reconocimiento descorazonado y esterilizado de cualquier sentir a flor de una piel regada de sonrisas y lágrimas.

Nos corresponde desaprender y reconfigurar determinados esquemas, valores, principios y propósitos para abrirnos a recibir las electrizantes caricias de tantas manifestaciones emocionales que recubren una realidad plagada de matices manejados con armoniosos malabarismos por nuestra parte. Menuda la dimensión de semejante responsabilidad, la que nos exige despojarnos de las expectativas creadas por lo que creemos que es el deber ser y hacer en estos y otros tantos casos. Porque aquí, las emociones no se trabajan por parte de la criatura; las sienten completas hasta su último suspiro y se canalizan sus efervescencias con un adulto presente a ser quien recibe y transfiere con su cuerpo y voz el derecho efectivo a ser emocionalmente espontáneo. Una relación que sustenta e hilvana minuciosamente su construcción personal, sin las perversas lecciones transmisoras de excesiva facilidad para fracturar los frágiles asientos de todos aquellos enredos sentimentales.

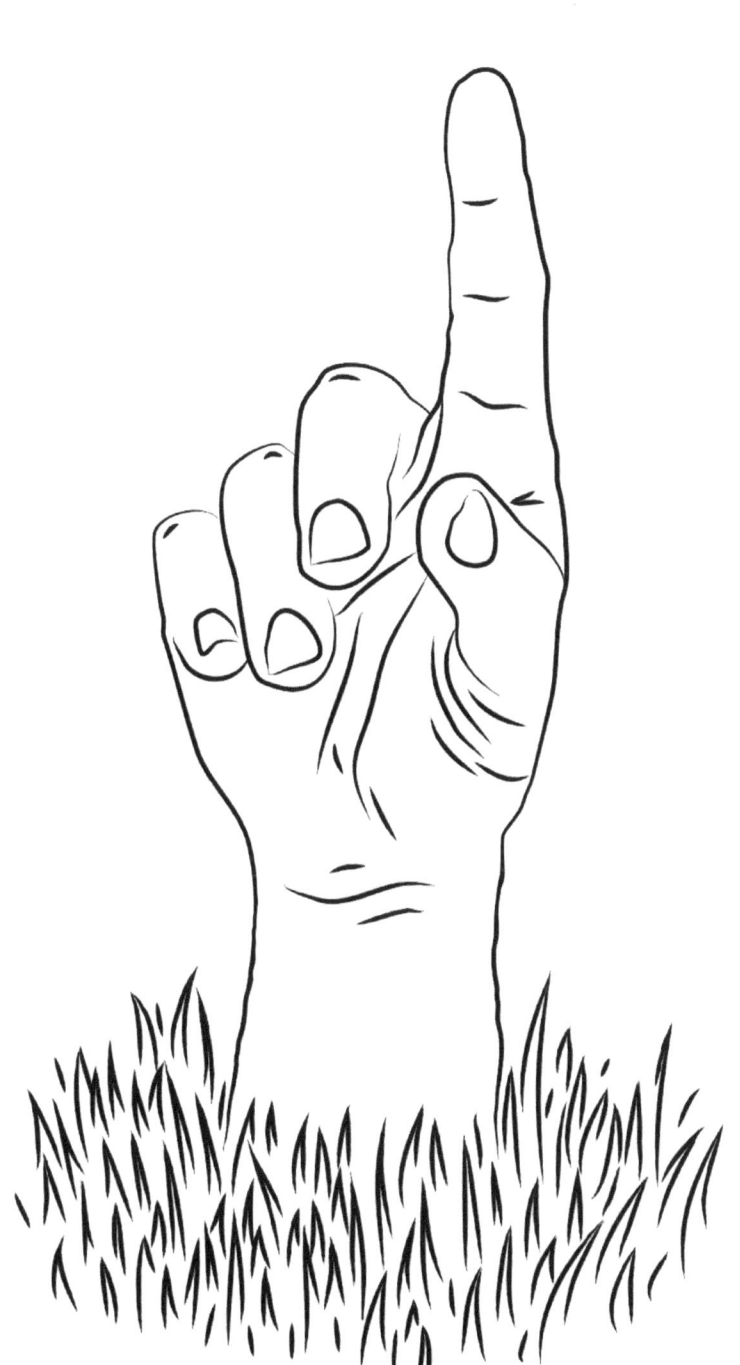

«No llores, no pasa nada»

El nacimiento impulsa emociones que amasan llantos. Vivencia imborrable de progenitores que dotan de sentido al consuelo del bebé con un baile de caricias y miradas que no consideran ahí la trascendencia del mañana.[26]

Ahora, de vuelta a la escuela; a esas primeras fechas de septiembre que despiertan las emociones más primarias de los más pequeños. Períodos complejos por la confluencia de encuentros, relaciones, separaciones, miedos, alegrías y angustias. Escasa elasticidad del lugar por el reducido margen que otorgan quienes subyugan aquel conglomerado emocional que sí se respetaba cuando alumbró su vida. ¿Acaso no se trata de un incipiente recorrido vital que requiere de todo nuestro amparo? Sollozos y decir que «No pasa nada». Pues claro que pasa. Porque hay pocos actos más sinceros e inevitables que reír o llorar. Drenajes de las emociones que no merecen reprimenda y, sin embargo, aparecen los «no llores» como si se pretendiera evitar aquel acuciado pinchazo en el adulto producido por el llanto. Placajes cuanto menos verbales que apremian a devolver al lugar una apariencia de falso sosiego. Quizás, por un perverso y tácito contrato que nos compromete a retirar cualquier negatividad y mostrarnos en una constante y aparente alegría radiante, donde se desdeñan las lamentaciones y la sonrisa se exhibe y finge hasta la extenuación. Así, cómo vamos a abrazar los septiembres embriagados de lágrimas que requieren de ti, de un profe-

---

26. Solo a modo de ejemplo ilustrativo. No hay una manera única y válida de nacer o ser madre o padre. Hay tantos modos de vivir y sentir este momento como personas implicadas en tal particular circunstancia.

sional que brinda un lugar humanizado al que destinarse sin renuncia, que construye el consuelo sin tensar los frágiles lazos que acaban de iniciar la construcción de los vínculos habilitantes de todo lo que está por ocurrir en un lugar como este.

Sobre estas líneas se vislumbra la complejidad de mundos infantiles y adultos íntimamente ligados. ¿Quizás el hecho de reconciliarnos con nuestras propias lágrimas podría permitirnos acoger las de los demás? ¿Quizás nuestro estar cuando se deslizan sus lágrimas por sus mejillas es un fiel reflejo de cómo somos en el amplio abanico de situaciones educativas? Puede que haya que empezar por aprender a llorar sin prejuicios y huir de la dicotomía que enfrenta al llanto y la risa, donde una se censura y la otra parece de obligada estampa. Mientras tanto, en nuestro proceso personal por rehacernos, aguardemos expectantes cada septiembre con unos brazos que excedan a las extremidades en su abrir algo más que la puerta de un lugar en el que siempre poder confiar.

«Pídele perdón»

Conflictos vividos por el adulto con la necesidad de guardarlos en el cajón desfondado del olvido, sentenciarlos, dirigiendo al niño para que urgentemente clame perdón de palabra sin corazón.

Emociones a flor de piel. Mordiscos, arañazos, golpes.

¿Acaso no suceden en alguna ocasión? Encuentros con el otro ajenos a la connotación negativa que generalmente el adulto los otorga. Sucesos pervertidos al centrar la atención en aquel que genera *el daño*, envolviendo el suceso de lecciones racionales con dudosa sensibilidad y nula *efectividad* educativa. Y me resuenan aquellos ecos, los del «eso no se hace», «así no», etc., junto a miradas que se asoman bajo el fruncido de las cejas y del dedo que señala mientras la otra mano comprime su pequeño brazo. Reprimir, reprender, reñir, reprobar. Y todas las *res* que se nos puedan ocurrir seguidas de un más que sofocante «pídele perdón y dale un beso».

La colectividad es un constructo muy complejo, y la réplica del «pídele perdón» contiene tras de sí la histórica penitencia del culpable. Resulta paradójico hablar de educar y al mismo tiempo actuar como juez que presenta cara a cara a los supuestos culpable y víctima, exigiendo al primero declaración y arrepentimiento. Encuentros en los que ambos experimentan su propio desasosiego al recibir, por un lado, la atención coercitiva sobre el causante y la protección incoherente e ineficaz sobre el dañado. No solo sufre uno. Tampoco se logra el ser cuidadoso y empático negando el cariño a una de las partes. La delicadeza es el agua que apacigua el fuego de la causa y el efecto del daño.

Qué perjuicio reprimir escenas propias del encuentro entre niños y niñas bajo la tutela del maestro lineal y geométrico. Los conflictos son privilegiadas oportunidades para abordar el desarrollo de sus acontecimientos sin aquellas consignas conductistas que descubren estériles sus punzantes directrices. La convivencia es de las cualidades más complejas de la humanidad, la que nos ha llevado milenios de evolución y la causa de las mayores esperanzas ante las desgracias que existen en nuestro mundo. Además, criaturas que acaban de iniciar el complejo desarrollo vital de la empatía, la comprensión del otro, del mundo social, etc., merecen un proceso de humanización con valía y respeto a los besos y caricias que aún están por educar.

La convivencia define a la vida. Por lo tanto, jugar, reír, llorar, morder, abrazar o acariciar son una parte muy sustancial de su complejidad, y ahí la situación nos requiere *escuchar alto*. En nuestro *sitio*. Necesario.

De vital importancia.

«Muy bien»

Han enraizado automatismos que, al emerger de mi voz, me maldigo para mis adentros. Qué costumbre, el evaluar con la perversa referencia del adulto en miniatura. O como cuando el niño hace autónomamente algo y se va con el «Muy bien» por detrás que todo lo estropea. O cuando espera la íntima complicidad de unas manos afinadas y se espeta un «Venga, tú solo», justificando que es por el buen desarrollo de su autonomía; nada más lejos de la realidad que el desamparo y el abandono por el egoísmo adulto de no estar a lo que merece.

Pintan y se dispara el «qué bonito». Actúan solos y se dispara el «Qué mayor» o se dispara el «Ven, yo te ayudo». Se desplazan despacio y se dispara el «Venga, vamos». Corretean por la sala y se dispara el «Suave, más despacio». Menudo ambiente, ahora que tanto se habla de ellos. Consignas que sí lo definen, más que cualquier sala, material o propuesta. Palabrotas, sí; palabrotas de escuela que impiden respirar –entre otras muchas– libertad, seguridad y autosatisfacción.

Palabrotas que producen un calambre que recorre los labios que se tensan por el arrepentimiento instantáneo al haberlas dicho. Qué demonios. Ni bonito, ni mayor; como si consistiera nuestro trabajo en enjuiciar y hacer pasar todo por el filtro evaluativo del bien-hacer, del bien-quedar y del bien-crecer.

Desde incluso antes de nacer son palabrotas presentes en todos los ámbitos de nuestra vida, cargando con la dicotomía entre el bien y el mal siempre a cuestas, marcando los estrechos límites de lo que es *ser bueno*. Pero más se estrechan aún cuando se trata de ser *buen alumno*. ¿El obediente? ¿El silencioso? ¿El trabajador? Y así, con el atrevimiento más involuntario y a la vez lesivo, se lanzan esas etiquetas que sentencian conforme a los mandamientos sagrados no escritos de ese tal *buen alumno*. Y así, por desgracia, al traste con la espontaneidad, con la diversidad, con la oportunidad de preguntarse, con el valor del ensayar y errar.

Tengo mis dudas sobre si realmente sabe la escuela la importancia que tiene el vivir la incertidumbre. Cualquier conato de reprimirla es una lucha constante contra las olas del mar. Pero la infancia es sabia y siempre encuentra el refugio de la clandestinidad para resarcirse. Como la fisura que encuentra el agua para hacerse su propio camino entre tantos espigones que los humanos construimos en las costas del cantábrico para evitar las consecuencias de su viveza.

Pero cuidado. El agua si se estanca perderá su pureza y claridad. En esta metáfora resurge mi inquietud. ¿Cómo actúo no ante, sino con el mar? y, ¿a, ante, con, para, por, según, con los niños? Un inicio, probablemente, puede que sea comprometerse a *preposicionarse*. Sigamos.

«Qué interesante».[27] Tras el disfraz de las buenas intenciones

Es fácil describir la práctica educativa y seducir a determinado aforo al hacer resonar determinada palabrería. Perniciosa fascinación con canciones de guitarra sin cuerdas, pretendiendo hacer creer a los demás que de tales acordes salen melodías compuestas con detenimiento, calma y dedicación. Emperifollados discursos sostenidos al hablar de la experiencia en diferido, con superficiales argumentos que difícilmente engañarán al maestro suficientemente sensato. Porque una escuela en su conjunto no puede sentirse satisfecha en su *bien-hacer* cuando su fundamento y rigor se sostienen sobre el evanescente vaho que se exhala al pronunciarlos.

Las buenas intenciones no pueden transformarse en el mantra que todo lo justifica. Nadie ha logrado confeccionar cada oportuna identidad educativa sin considerar la referencia que otorga su relato evolutivo. Nada se consigue en lo que dura un chasquido de dedos. Ideas educativas que, por muy interesantes que parezcan, se prestan a confundir el sesudo significado de aquel argumentado proyecto. Los documentos[28] son referencias de lo que hasta ese momento fue su escuela y fundamento de lo que bajo su paraguas sucederá. Como la fotografía que actúa como referencia temporal y ancla del recuerdo que asienta lo que somos. Referencias de un singular proceso ininterrumpido. Hábil para encuadrar en su particular álbum simbólicos retratos de sucesos futuros. Como la vida misma.

---

27. Sin entrar en su contenido, expresión tras una de las llamadas «píldoras» formativas.
28. En un marco educativo óptimo, y sabemos de lo que distan de la mejor de sus versiones.

in-fan-cia

Pudiera sentirse cierta angustia al no recibir la píldora que inmediatamente aportaría las instrucciones a aplicar. Pero, en una sociedad del consumo inmediato de placeres y satisfacciones, polarizada y competitiva, se precisa del ejercicio sesudo de/para la transformación constructiva. Procesos lentos que no pueden cederse a la frágil sujeción de la oratoria, o a la falsa creencia del convencido sin análisis que emula determinadas prácticas.

Todo parte, a pesar de la desconsideración y maltrato de los documentos educativos, de elaborarlos con suma pulcritud y con detenimiento en el qué, para quién, cómo, con qué, por qué y para qué. No tiremos piedras sobre nosotros mismos al considerar los documentos como algo estéril o de mero trámite. Ni mucho menos. Nuestros referentes comenzaron con una maleta cargada de paciencia, asumiendo el ritual constante de pensar, compartir, practicar y revisar el desarrollo de planes y programas con perseverancia y serenidad. Fundamentos de nuestro patrimonio educativo. Todo lo demás, serán baldías intenciones que acarrean desilusión y desencanto.

Ningún maestro se hizo a sí mismo en un instante. Ningún proyecto se logra implementar con razonable solidez de inmediato, sin debate o armado solo por sus nobilísimas intenciones. Necesitamos cargarnos del valor y de los silencios que dan espacios a las palabras del otro. Así, daremos comienzo a una comunidad acogedora de saberes y condiciones, capaz de elaborar estrategias serenas que asuman la carrera de fondo a la que nos disponemos.

La vida cotidiana

Hablar de lo cotidiano es hablar del fluir de la reiteración con matices. El reencuentro estabiliza el volver a disfrutar de aquello como cada cual desee, continuando el argumento de ayer con los mismos ojos hábiles desde otras perspectivas.

Lo cotidiano dispone al deleite en las reiteraciones constituyentes de un mismo relato ininterrumpido. Como las hiladas escenas de una misma obra. Como una gran oportunidad para rescatar la fluidez mentora de los ciclos vitales, los mismos que ofrecen el particular cobijo segurizante a todos los fenómenos educativos acompasados por el encanto de los símbolos.

La cotidianeidad y la calma protegen de las instrucciones y de las recompensas inmediatas por haber cumplido. A nuestro alrededor campa una gran superficialidad y sumo perjuicio al hablar de la educación infantil envuelta en una ridiculez estética colorificada. Repugnante aderezo para el que no concibo ni el más mínimo hueco entre todo este dinámico y complejo entramado del que formamos parte.

Qué incoherencia entender lo cotidiano como algo a introducir/aplicar y no a posibilitar con nuestra importante referencia. Lo más parecido a una escuela medicalizada. Al igual que la vida que no fluye, un sinsentido la vida que no se acoge. La cotidianeidad en la escuela no es un favor. Incluso ni un recurso pedagógico aplicable. Porque por encima de las pedagogías están las intenciones y las actitudes que, como simbólico pentagrama, sostienen las diferentes notas musicales de la canción que se escribe a diario.

Nuestra cotidianidad dista del consumo pedagógico. Rigor y discreción. No tiremos lo cotidiano de la escuela infantil a las fauces de la pedagotecnia y la pretenciosidad. No obstante, seamos optimistas. Hay una necesidad manifiesta que muchos educadores han sabido acoger y disponer en sus escuelas, rescatando lo más humano, lo aparentemente inocente, el silencio, distantes de la toxicidad del *hacer por hacer*. Seguramente ahí ya nada será como antes. Extraordinaria cotidianeidad.

Bendito futuro.

«Vamos a clase».
Habitar el espacio

Deseo un espacio habitado por niños y niñas que hacen de cada reencuentro diario la continuación del punto y seguido de su relato vital, con una educadora que les recibe discretamente, con voz segura y serena en su sitio y *a ras de suelo*. Un espacio habitado que dé cabida al surgimiento de intensos episodios gracias a una profesionalidad que, con cada sorbo educativo ofrecido, logre calar en lo más profundo de cada criatura. Según Heidegger habitar significa cuidar y proteger aquello que crece en un lugar:

> Habitar, haber sido llevado a la paz, quiere decir: permanecer a buen recaudo, resguardado en lo frye, lo libre, es decir: en lo libre que cuida toda cosa llevándola a su esencia. El rasgo fundamental del habitar es este cuidar (custodiar, velar por). Este rasgo atraviesa el habitar en toda su extensión. Así, dicha extensión nos muestra que pensamos que el ser del hombre descansa en el habitar, y descansa en el sentido del residir de los mortales en la tierra.[29]

Cada forma de habitar engloba lo habitual del lugar, en forma de hábitos que se desarrollan en las fértiles sutilezas de la redundancia. El hábito[30] no se trabaja. Etimológicamente es el reiterativo de *habere,* «tener», por lo tanto, significa *tener de manera reiterada* un hábitat. En semejante *habitación*, el aula resalta nuestra protección del *ser habitante*. Ahí, el educador

---

29. Heidegger, M. (2016). «Construir, habitar, pensar». *Teoría,* (5-6), p. 153. Recuperado a partir de https://revistas.uchile.cl/index.php/TRA/article/view/41564.
30. Para una aproximación, Saravia, M. M. (2004). *El significado de habitar.* Recuperado de http://habitat.aq.upm.es/boletin/n26/amsar.html.

actúa con sus delicadas formas al son de sus sesudas intenciones, constantemente dispuesto a evolucionar como profesional escuchando esa voz interna que lo cuestiona todo, manteniendo sus propios oídos en permanente afinación. Habitar es la irradiación de la convivencia en cada momento oportuno, lo que hace que resulte quimérico pensar que su complejo habitar sea extrapolable a cualquier otro instante. Cada jornada es una página biográfica que estriba sobre la anterior, donde ambas guardan una relación inseparable al escribir la continuidad de su delicado argumento.

Construir un espacio habitable para las criaturas me acerca a *perfumes* propios de un hogar. Sin embargo, en ocasiones, me genera una gran inquietud que haya un cierto hedor a escuelas fábrica de corazón inerte, con niños y niñas en filas, consumiendo tareas con adultos *alfa* que esterilizan cualquier atisbo del buen recaudo cuidadoso. Sin embargo, a la escuela no acuden a trabajar sino, más bien, a vivir y definir el habitar de este lugar en sentido heideggeriano.

Tomémonos la licencia de habitar, habitar la escuela, habitar el mundo.

Nuestra linda oportunidad.

«Huele a madera»[31]
Inspiraciones

La madera no es solo un material, es una reivindicación del tocar, oler y manipular. Ni un material exclusivo que por las tendencias repudie a cualquier otro. Simbología de la armonía y naturaleza, de las relaciones que permiten un clima adecuado para el desarrollo pleno.

Apenas nadie quiere jugar con esos juguetes de plástico, ni nosotros relacionarnos con espíritus de maniquís. Algo sucede cuando las personas que no conocen esta escuela llegan y la primera frase es «Qué bien huele, a madera, me encanta». Yo, desde que vivo en una escuela así, digo lo mismo: «Que bien huele, a relaciones, me encanta». Al final la madera que nos envuelve representa la franqueza de las palabras que me llegan. En gran medida, el espacio educativo transmite cómo comprendes la infancia, qué escuela quieres, y es estéril pretender cualquier cambio sin reflexionar en profundidad sobre esto. Por eso reivindico ofrecer una escuela terrenal, sin engalanamiento, que en el asiento sereno de su reflexión y proceder se defina su verdadero significado educativo.

Una escuela humilde. Un ambiente apacible. Una guarda de sucesos vitales. ¿No existe, acaso, acontecimiento más estético, real, práctico y fértil que una escuela que irradie bienestar en el transcurrir de sus días? Entonces, ¿existe material más real, práctico y de infinito sentido para la escuela que la madera? Actualmente la escuela es un espacio también de/para la reconquista. Quizás para apartar tanto plástico, tanto activismo, tanta superficialidad. Un deseo sea que,

31. Hablar de madera nunca como elemento excluyente. Sobre cualquier de ellos, nuestro criterio.

in-fan-cia

junto a otros tantos sutiles actos como este, seamos capaces de impregnar con otros aromas el más allá de lo estrictamente visible.

El espacio, el lugar y el ambiente

El *espacio*. A *priori* neutro, aséptico, a la espera de recibir circunstancias que lo hagan salir de la infecundidad. Progresivamente se irá nutriendo de aquella manera, la de cada cual y cada grupo, hasta dejar de ser y estar *vacío*.

El pensar en la acogida que recibirá dispone a definirlo como un lugar. Y aquí, antes de llegar a percibir su ambiente, una detenida pausa. No caigamos rápidamente en hablar de ellos absorbidos sin resistencia por los términos-tendencia que tanto pervierten los significados. Utilicémoslos con sobriedad y seriedad. Seguramente, sea la mejor manera de comenzar.

El *lugar* se define con lo que en él se ofrece a ser habitado. El lugar habilita la surgencia mediante sutiles sugerencias organizadas y planificadas: materiales, distribuciones, olores, luminosidad, comunidad. Es un proceso necesario para reflexionar sobre qué nos provoca el lugar, acto que nos ayuda a interpretar al segundo educador estando ahora con la mirada en el tercero.[32] Sin embargo, aún no está todo listo. Del espacio aséptico al lugar habitable con significados y propósitos. Sin embargo, todavía no hay ambiente.

Paso a paso. Nadie dijo que ofrecer una escuela con calidez fuera cuestión rápida y fácil. Y es importante ir poco a poco. Mejor si lo hacemos en provechosa compañía.[33]

32. Esta categorización de educadores es propia de Loris Malaguzzi. Malaguzzi, L. (2001). *La educación infantil en Reggio Emilia*. Barcelona: Octaedro-Rosa Sensat.
33. Es evidente a lo largo de la lectura de mi reivindicación de la pareja educativa. Que no cese.

El ambiente es el presente preciso de un lugar habitado. Cada día que los niños y las niñas llegan a la escuela no buscan su soporte emocional en el espacio sino, fundamentalmente, en las personas que habitan tal lugar que los arropa. Se configura un clima vivo acorde a las experiencias y circunstancias que en comunidad se construye y renueva, evitando de este modo una temida esclerosis del clima. Ahí; cómo nos tratamos, las complicidades, los cuidados, el contacto físico, las risas, el recibimiento y la despedida, el llanto, las familias, las compañeras, etc., es decir, las relaciones limpias y transparentes. Desde este momento, la dimensión definida por el espacio y los materiales nunca será suficiente. Lo indispensable es el factor humano. Podemos encontrar lugares de ensueño, pero con un ambiente de pesadilla. También al revés y, sin embargo, en esta segunda podemos encontrar luminosas expresiones esperanzadoras.

Y a modo de inciso incisivo, dejemos de lado esas modas que tanto se esfuerzan por acompañarnos y nos lastran. Basta de atiborrarnos de tantas supuestas metodologías basadas en los ambientes y de la libre circulación por estos, sin antes haberse detenido en su cuestionamiento. Es necesario dejar de seguir tropezando sobre las mismas piedras ahora vestidos de la moda ambiental. Si no cambiamos los fondos de nada sirve hablar de las formas. Por lo tanto, como el ambiente es tan sumamente delicado, inimitable y pende del más mínimo gesto, quizá el primero de ellos puede que sea sustraernos de tales corrientes y tomar conciencia de lo que estamos haciendo al llegar aquí cada mañana.

«Trabajamos las rutinas»

Siento un sutil estremecimiento al escuchar en las escuelas infantiles determinados mensajes con intenciones benévolas inconscientemente cargadas de un fondo hiriente. Sin ir más lejos y por centrarnos en alguno, al hablar de trabajar las rutinas. Las que pienso que ni son rutinarias ni se trabajan.

Situaciones en las que se instrumentaliza el término, otorgándolas un aire pseudoeducativo para hacerlas sentir como aceptables en la afamada asamblea[34] o en los cambios de tercio. Reprimir a los niños y niñas a consumir rutinariamente el día de la semana, el tiempo que hace, cuántos faltan hoy... y vuelta a lo mismo. A desgastar la misma ruleta del tiempo que el afamado hámster hace girar sin aparente sentido.

El ritmo: el tempo de la canción del vivir.

La duración: el desarrollo de un acontecimiento sin el empuje de la premura hasta su natural culminación.

El tiempo: no es una simple progresión lineal de momentos concatenados. Comienza con su ceremonia, se desarrolla y se cierra con su despedida. Como un delicioso cuento; se narra con calma y emoción, sin sobreactuación. Como el mejor de los días, siempre continuará.

El horario: como el simbólico cuchillo que fragmenta el relato cotidiano.

¿El reloj? quitadlo. Un arma cargada.

Byung-Chul Han trata en su ensayo el *aroma del tiempo*, la crisis temporal en la que nos encontramos, de la cual la escuela no se mantiene ajena:

---

34. En cuanto a la asamblea ni mucho menos es válida cualquier definición y puesta en práctica. Desde mi punto de vista hay que ser muy diestro para «ensamblar» pareceres, entre otras.

La aceleración actual tiene su causa en la incapacidad general para acabar y concluir. El tiempo aprieta porque nunca se acaba, nada concluye porque no se rige por ninguna gravitación. La aceleración expresa, pues, que se han roto los diques temporales. Ya no hay diques que regulen, articulen o den ritmo al flujo del tiempo, que puedan detenerlo y guiarlo, ofreciéndole un sostén, en su doble sentido, tan bello. Cuando el tiempo pierde el ritmo, cuando fluye a lo abierto sin detenerse sin rumbo alguno, desaparece también cualquier tiempo apropiado o bueno.[35]

Preguntar bien temprano qué *hora* es y lo ordinario del día queda inmediatamente expulsado de la cotidianeidad a la vez que sometido a lo previsto del encorsetado programa que amplifica el tictac del reloj amenazante. Porque en la tarea de educar ni todo vale ni cualquier maravillosa intención es buena *per se* en su proceso y sus consecuencias.

Sobre la indivisa jornada que descansa sobre un clima respetuoso y cuasi hogareño, tomemos ahora una afinada perspectiva para exprimir sin artificios la riqueza de encontrarnos y darnos un afectuoso saludo y disponernos a la incertidumbre en cada reencuentro y a sentir la vida misma arropados por una educación despojada de la ansiosa angustia que aporta el atronador segundero del marcaje horario.

Por cierto. Se me olvidaba responder. No. No tengo esa hora por la que pregunta. Dije en su día que menos relojes en la muñeca y más nubes y claros del cielo como cobijo. Pero ojo. No caigamos en dulcificar las aulas con prácticas insultantes de remilgada cursilería que todo lo cubren de una crema empalagosa de felicidad forzosa. Se trata de ser riguroso, ordenado y meticuloso para ejercer adecuadamente una responsabilidad inmensamente compleja. A las escuelas no vamos a perder el tiempo. Pero, paradójicamente y después de todo, ¿lo tenemos para esta importante urgencia que tenemos entre manos?

Ánimo. No lo desperdiciemos.

35. Byung-Chul, H. (2015). *El aroma del tiempo: un ensayo filosófico sobre el arte de demorarse*. Barcelona, Herder, 2015, p. 14.

«Lo que toca»

En la escuela infantil toca hablar de tocar. De tocar con las manos, y con todo el cuerpo. O de forma diferida al ver a los demás inmersos en acción, y él SER viviéndolo con la misma intensidad que el actor de la acción explícita. Tocarlo todo. Lo que se ofrece, lo que sugiere, lo que requiere lo cotidiano.

El medio irremediablemente tentador. Alargar la mano y tocar. Tocar el cuerpo. Su cuerpo, sus manos, sus pieles. Tocar y sentir sus dolores y malestares, sus risas y placeres. Tocar para coger, tejer y acoger las vidas.

Pero no toca. HOY NO TOCA.

No toca la asamblea[36] que somete al grupo al sinsentido de la perversa rutina rutinaria.

Ahora no toca hacer, ni persuadir a viva voz.

No toca «el día de», ni jugar a no sé qué historia y someter el juego[37] a la virtud de un permiso.

No toca en este momento concreto jugar como si se tratara de una recompensa. Semejante desconsideración de lo lúdico y de nuestra tarea.

Ni recoger, ni querer, ni reír. Ni llorar. No. Llorar ya no toca nunca. Algunas personas sentencian que ya *son mayores*. Toca o no toca porque lo decidamos.

Basta ya de *toquetear* tanto la infancia que de tanta áspera caricia seguramente aparezcan úlceras.

---

36. En este caso, no sería tal, pero me tomo la licencia de utilizar ahora solo su significante.
37. Cualquier acción bajo tal atmósfera, obviamente, dejaría de ser juego.

in-fan-cia

«De vuelta a la rutina»

Después del período vacacional existe el compromiso implícito de no volver a la rutina. Más bien de revolverla, de alejarse de las inercias, del conformismo, de repetir algunos comportamientos que, quizás, no fueron del todo pedagógicos. Se trata de un tiempo idóneo para mirar al horizonte y establecer un plan de actuación en revisión permanente, coherente, vivo y reflexivo. Planificar en la etapa infantil es una tarea siempre compleja; primeros días de septiembre en los que se pautan las líneas de actuación y se toma el primer aliento para enfocar el rumbo y el carácter. Días cargados de tareas y reflexiones que en su conjunto se tornan básicas para el devenir del curso.

Ciertamente, no hay serena transformación sin una intensa dialéctica. Tal reconstituyente aventura no permite las medias tintas ni las tareas infundadas. Tampoco los mínimos a cumplir. En general, no estoy seguro de si somos conscientes del perjuicio que ocasionamos al establecer una perspectiva general de la infancia dependiente y vulnerable[38] que arrastra

---

38. Educar implica salir de ese hipócrita caparazón de la infancia y equilibrar, con la mano más sensible, la balanza entre los desafíos ciudadanos y la oportuna seguridad que merecen en un mundo tan complejo como el que habitamos.

in-fan-cia

tendencias *dulcificantes* y paternalistas que hacen un flaco favor al niño. O de la toxicidad de determinadas referencias adultas que intoxican el ánimo. O de la fatiga acumulada de las criaturas por el consumo reiterativo e inerte de absurdas actividades anuladoras. O de la complacencia y satisfacción acrítica de profesionales que se perciben definitivamente como competentes. Calamitosa y trágica ilusión.

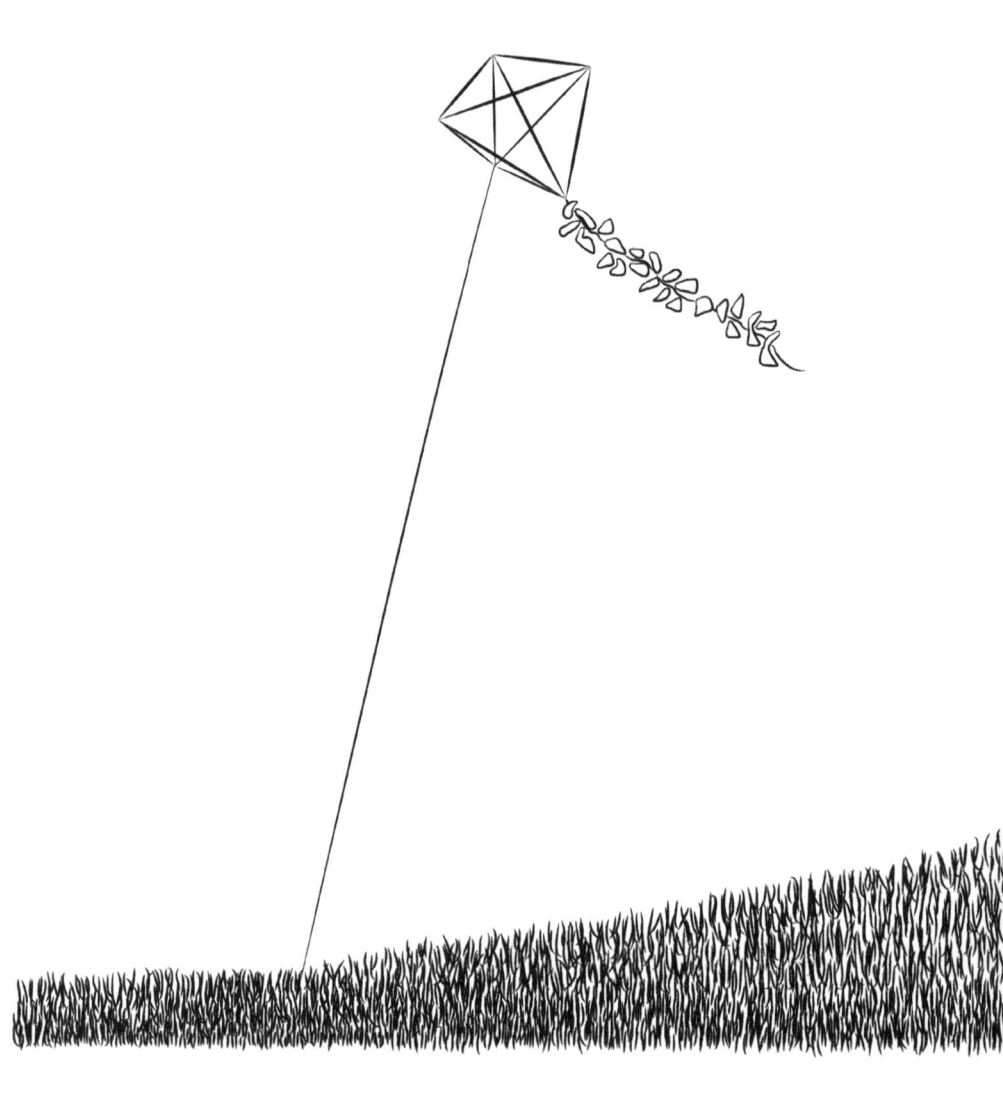

«El niño es el protagonista de su propio aprendizaje»

Los niños y niñas no van a la escuela a ser protagonistas de impuesta medalla, ni nosotros a dejar nuestra práctica a merced del hacer desprovisto del abrigo educativo que cada cual precisa. Enseñar no reside en la mera transmisión consumible y tirana de contenidos inalterables en una escena de maestros inmovilistas y alumnos rendidos. Tampoco en un dejar hacer sin propósitos en base al no intervencionismo y la experiencia contemplativa del paisaje de quien se define acompañante. Las alternativas a las penurias de la enseñanza tradicional no se alcanzan castigando al enseñante y embadurnando la educación con determinadas tendencias en las que se abandona a cada criatura a gobernar sus designios sin las valiosas referencias adultas. Porque no hablar de nuestra responsabilidad enseñante constriñe al máximo la crítica que permite superar la pesada herencia que porta en su definición y práctica. De hecho, remover nuestros sedimentos y liberarlos de prejuicios e ideas enmascaradoras y confusas, habilitan el tejido participativo, inconformista y crítico con el que superar los argumentos de esta estéril discusión.

Consecuentemente, paidocentrizar[39] la educación sobre concepciones románticas rousseaunianas que rozan lo dogmático, sitúan al maestro y a la escuela sobre peligrosos convencionalismos de un retrato esencialista y ajeno a las impregnaciones coyunturales del entorno, donde los embalajes socioculturales de cada persona guardan significativas

---

39. Bien distinto es que nuestro ejercicio profesional esté destinado a lograr el desarrollo pleno.

distancias y siembran de argumentos el sustrato de nuestra intervención educativa. Un epicéntrico protagonismo otorgado a cada criatura es un eslogan que remarca las diferencias y amplía el individualismo. Y, a ras de suelo, ni acompañamiento, ni instrucción, ni nada por el estilo. Desde aquí, apuntamos a cotas mucho más ambiciosas y optimistas: a una educación crítica, plena y rigurosa, diestra en entrelazar diversidades en una ciudadanía referenciada por una educadora y la otra, en pareja, con pensamientos, preferencias y argumentos que, gracias al conflicto constructivo, inspiren a afilar criterios necesarios para un mundo mucho más justo y cooperador.

«A la fila»

Desgraciada estampa de corazón inerte al entrar, salir o desplazarse por la escuela, sin haber encontrado todavía argumento lógico que sostenga la necesidad de tal férrea costumbre. Apremiar la mañana con la reclutadora llamada a filas que abruptamente obliga a situar la mirada sobre la coronilla de enfrente y a respirar tensos silencios. Formatos de una *malvenida que* extirpa cualquier asomo a una transición armónica entre el hogar y la escuela. Significativa escena reflejo de la enorme desconsideración a tales posibilidades. Una oda a la incoherencia póstuma con un discurso postizo de verborrea baldía proclamando la importancia de atender a la diversidad, la convivencia o cualquier otra circunstancia propia de cada criatura y familia. Numerosas filas afiladas al filo de la vida rozando la osadía de representar la muerte de *series (de) humanos* clasificados por edades enfilando fines productivos.

Angustiosas escenas que alcanzarán remedio tras la edificante discusión que nos brindará la oportunidad de vernos las caras y ser, sin aquella seriación impuesta, personas que construyamos mirándonos a los ojos un vivir de fogosos corazones palpitantes.

«Mi clase». «Mis niños»

A vueltas con la propiedad privada. Mi clase, mis niños y todo lo que se nos ocurra como parte del repertorio de las posesiones. Un mensaje de apariencia inocente que vislumbra una encapsulada responsabilidad unipersonal sobre el devenir de cada niño, incoherente con una educación que requiere del cúmulo de cualidades, estilos, preferencias y pasiones de aquellas personas que aportan su granito de arena.

Las criaturas no son propiedad de nadie. Son seres *inter(in) dependientes* que al habitar sin el sobrevuelo del declarado determinante posesivo y sin el permiso impuesto para hacerse con lo supuestamente ajeno, establecen estrechos vínculos con personas, materiales e incluso lugares. Por lo tanto, limitar el desempeño educativo a cada particular y aislada parcela escolar no guarda coherencia con los contextos relacionales de y con todas las personas presentes que, en su vivir, tejen una comunidad de innegable complejidad e interés.

Mientras tanto, en la progresiva apertura a la colectividad, los grupos de referencia seguirán siendo el fundamento del innegable cobijo. La escuela, ahí, atenta a que no suponga una salida desbordante a un abismo sin asideras. Afinado equilibrio que se desmorona si camina sobre un pretencioso qué y un cómo meramente acariciado. Sesudo ajuste que nos impulsa a una valiente autocrítica y planteamiento de escuela al decidir ser algo más que compañeras aisladas en las salas de al lado.

Qué preciso equilibrio a guardar entre el yo y los demás, el abrigo del grupo y la riqueza del compartir, entre los criterios propios y los de los demás. Y, como no es lo mismo el sentido que el significado de las palabras, seamos detallistas al hablar de quiénes somos y, en este caso a propósito del posesivo, de quién son.

Todo deja su impronta y es sumamente delicado y profundo el efecto de cualquier sutil comentario y planteamiento.

«Venga niños, a trabajar»[40]

La impostora batuta que subraya un son escolar que somete a las manos a ser herramienta productiva. Un trabajo autómata a lo largo del curso que dista de parecerse en modo alguno a aquellas elaboraciones que recogen las huellas de fugaces gestos propios de la complejidad de sus mundos.

Frecuentemente se escucha que son sus trabajos los que frecuentemente portan la instrucción previa, el impersonalismo, la estereotipia más insultante, la sepultadora homogeneidad y la evidencia del resultadismo escolar más perverso. *Trabajos* como prueba fehaciente de un falaz aprendizaje que se despide en junio en forma de solemne producto hierático, con un excesivo e irracional valor otorgado por maestros de orgullosa barbilla en alto.

Sin embargo, a la escuela no se va a *trabajar.* En su expresión no solo transita el mensaje. Porta implícitas sus intenciones. La consecución inmediata a la apertura del significante desata la interpretación e intención muchas veces inconsciente de quien las dice. Un repertorio extenso de palabrería escolar que solidifica una universalidad absurda apenas cuestionada. Envolvernos de un hablar de lo mismo y divergir en su fondo. Estériles reuniones en las que revolotean términos irresponsablemente utilizados, a modo de envolturas de desalmados significados que endurecen la costra que impide penetrar en el epicentro educativo.

---

40. Trabajo, del latín *tripalium.* El *tripalium* era un instrumento de tortura hecho con tres palos con el cual amarraban a los reos para torturarlos. Una palabra que posteriormente se convirtió en sinónimo de sufrimiento, agonía y suplicio, características propias de los trabajos de la época y la esclavitud.

in-fan-cia

Escuchamos con frecuencia referencias al *niño* trabajador. Cómo campa a sus anchas el *tripalium*. Trabajar no es solo una palabra. Porta fines y consecuencias. En un mundo técnico- resultadista y de productividad enfermiza, los aspectos más humanistas de nuestra existencia sufren un descrédito preocupante. A cambio, la serenidad define la atmósfera necesaria para remar enérgicamente a contracorriente de la ansiedad por los absurdos aprendizajes arbitrarios como parte de la ecuación del rendimiento. *Trabajar*, además, con un fin exhibicionista de producción sin importar demasiado lo que fue despreciado, inadvertido o lo que pudiera haber germinado.

Trabajemos por nuestra parte en construir nuevos derroteros alejados de los tres palos. La productividad no cabe en la educación infantil y el trabajar con gran ahínco por alcanzar otros aires nos corresponde a aquellos profesionales que decidimos intentarlo con todo nuestro esfuerzo.

«Para que adquieran autonomía»

Al hablar de la autonomía se torna imprescindible el sustento que aporta el mundo de los afectos definido por cada mínimo gesto presente en la convivencia: nuestra voz, la corporeidad en toda su extensión, el modo de sugerir, de escuchar, de acompasar, de proponer y guiar. Hechos que revelan el absoluto contrasentido al hablar de autonomía sin considerar nuestra atención e implicación al cuidar a quien tenemos delante.

Criaturas que sienten depositada en sí la confianza de sus referencias. Alegórico depósito también sobre un entorno dispuesto a abrazar a quien lo habita ofreciendo posibilidades y complicidad, donde la oportunidad de ser autónomo repele cualquier proximidad con la mera ejecución autómata. Sin embargo, la escuela se presenta como abanderada de la referida autonomía, y la distancia con la obediencia y sumisión en ocasiones apenas se percibe. Perversa interpretación, con el derecho a decidir totalmente secuestrado y los actos caricaturizados en base a su explicitud calificable. Un *estar sin ser* de criaturas desfilando por los pasillos, o yendo al servicio al mismo tiempo, considerando la correcta ejecución de la ordenanza como el verdadero significado de la lograda autonomía. Ejecutores y obedientes a las inexplicables inercias escolares en ningún momento educativas que se justifican sobre la sumisa respuesta del buen alumno al mandatario.

El desarrollo de la autonomía no se alcanza dejando a las criaturas desamparadas. Nos requieren muy presentes y conscientes desde aquel *sitio* educativo que les ofrece, muestra, provoca, sugiere, promueve y plantea desafíos libres de las perversas ausencias o interferencias instructivas. Un proceso que se encuadra en un marco de complicidad que les aporta impulso a lograrlo sin las prisas que imprimen los ansiados resultados. Hablar de autonomía precisa su análisis en el sentir de cada huella que marcan al recorrer su camino, en descubrir su poder de decisión y acción estando por nuestra parte a la distancia oportuna que garantiza que nada se desmorone.

Sobre su camino, que el logro en sí sea únicamente el colofón a un recorrido que les aporta mucho más que lo que se observa a su llegada.

Sigamos así, pacientes, atentos. Paso a paso.

«Tienen que acostumbrarse para el día de mañana»

Según la RAE, acostumbrarse es dejar de encontrar molesta o extraña cierta cosa o persona. Siguiendo esta definición, acostumbrarse a la escuela es trasladar a cada criatura la responsabilidad de dejar de sentir la molestia. Un concepto que se antoja más cercano a la resignación ante una situación que no muestra señales de convertirse en cómoda y familiar.

Acostumbrarse es un proceso de habituación caracterizado por la subordinación del individuo al poder arbitrario de las circunstancias. Uniformar en filas, hablar solo tras el permiso, no hacer ruido. Guardar escrupulosamente la adecuación al molde que dicta la escena por imperativo a merced de un reloj que se burla de los tiempos en su cuenta hasta el abrupto final de la jornada.

Sin embargo, no vinimos a asumir impávidos una realidad en ocasiones excesivamente injusta ya desde edades tempranas. La resignación congenia con la obediencia hasta definir costumbres repletas de ordenanzas y gestos dominantes que se consolidan en un devenir de lo igual y la subordinación al ordenante que apartó la pedagogía de su lado. Así pues, podemos impactar sobre dicho marco escolar, confeccionando con afinadas manos maestras el lecho de una cotidianidad que bien se cuida de no pasar por un aro tan estrecho.

¿Acostumbrarse a compartir?, ¿a mantenerse desprovisto del vital abrazo emocional?, ¿a respetar el sentenciador *porque siempre se hizo así*? Desgraciadamente, qué poco cuesta poner ejemplos.

«Venga. Vamos».
La urgencia y la importancia

Generalmente, en la escuela sucede todo tan frenéticamente que se torna indivisible el cumplimiento de una responsabilidad con el hecho de rendir cuentas.

No se trata de *arrugar* los documentos de la escuela y simbólicamente lanzarlos a la papelera. No de despreciarlos, ni de faltarlos al respeto escurriendo su valor vistiendo el aula a la moda de lo que *hoy toca,* o con la falacia de proponer «proyectos» para la próxima primavera. Sin embargo, evitando el manoseo terminológico que acoraza su interpretación, es importante abrir la puerta a tratar con franqueza y claridad sus significados e intenciones.

Las razones importantes en la escuela surgen de sus propias entrañas, de nuestro compromiso, de los niños y niñas, así como de aquellas que se proponen y se debaten profesionalmente. Pero lo urgente porta tal gravitación y estridencia que nos impide ver lo importante y valioso de nuestro camino. Halloween, Navidad, y otros tantos días que alborotan cualquier *ritmicidad* que aconteciera en la escuela. Fechas que se atropellan semana a semana cargadas de una estéril importancia exhibicionista y censora de lo valeroso, donde las criaturas asumen su presencia ausente de alma en los talleres de la cadena de producción. Los veinte minutos por grupo para pintar adornos iguales y al mismo tiempo, mientras adultos helicópteros someten las pequeñas manos como si se trataran de mecanismos de marioneta. Y a pasar a la siguiente sala donde el taller de turno funciona a modo escaparatista de las virtudes manuales del adulto.

«¿A dónde vamos ahora?», decía aquella niña. Escucho auxilios en forma de voces tenues arrastradas por la corriente del frívolo activismo y que, pudiendo socorrerse, siguen inmersas en el frenetismo que despierta alguna que otra respuesta rehusando semejantes remolinos. En algún inesperado momento llegará la calma que les permita asomar la cabeza de la fuerte corriente que les arrastra. Fin de la jornada. Mañana ¿más?

Y a cuestas con el *siempre se ha hecho así*, con las tradiciones inamovibles, con aquella enraizada propuesta desde hace años y ya carente de cualquier sentido. Mientras tanto, tupido velo a los afectuosos recibimientos, a un cálido buenos días, a un cuento en nuestro regazo, al jugar, al *continuaremos mañana*. Alcémonos ante el atropello de las robóticas operaciones que sepultan la infancia y nublan el sentido de nuestra relevancia.

«¿A dónde vamos ahora?», preguntan a s*us maestras*. Socorros de aquellas voces para no utilizar la educación infantil como pretencioso escaparate. Inercias escolares que secuestran y nos reducen a la mínima expresión profesional. Mientras tanto, sigamos sin descanso elaborando las oportunas respuestas que merecen semejantes realidades.

«Tenemos que programar». La digitalización sin límites

Resultará evidente hablar de currículo y sus particularidades, y al mismo tiempo resobar al niño como *protagonista* y considerar sus intereses o el trabajar por *proyectos*. Así, a revolver palabras para no salir de ese pozo lleno de significados insignificantes.

A partir de lo que entendemos por infancia, por maestro y por la escuela, podemos ir definiendo qué plan se traza con suma implicación, distanciándonos de las modas y eslóganes que aspiran a seducir en su escaparate. Primero, transitemos el pensar para elaborar un discurso madurado y argumentado, situando a los niños y niñas de la mano de las pedagogías y no, como desgraciadamente sucede, bajo el rodillo de la urgencia o cualquier pretenciosa tendencia. El currículo de educación infantil actualmente vigente es nuestro mejor aliado y referencia de cara a enarbolar una educación acorde a la complejidad que se viene abordando, en la medida de nuestras posibilidades, en estas páginas. Sin embargo, trascienden prácticas que se limitan a la tentación misma de exhibir y cuantificar ejecuciones desahuciadas de cualquier sentido. Otras, cambian la forma y no el fondo: ¿de qué nos sirve edulcorar las metodologías si lo que se pretende es en definitiva lo mismo de lo que hipócritamente se apunta que se quiere salir? No tropecemos con la innovación en su vertiente seductora de perversa estrategia introductora de pantallas y ordenadores que, tras su aparente halo vanguardista, siguen manteniendo al cuerpo enfrentado a actividades que solo cambian su puesta en escena. Preocupante y espinosa condición al verterse los neuróticos contenidos de las conocidas fichas de «pinta y colorea» al formato digital, presentando variación en la apariencia del formato por un maquillaje impermeable a la crítica hasta hacerlo carecer de cualquier atisbo de negatividad en sentido hegeliano.

Aun por la gran distancia temporal y los grandes cambios, en 1956, Günter Anders nos advertía de la disolución de la familia por su presencia frente a los aparatos audiovisuales. Un grupo en la escuela frente a la tecnología actual en esos términos no padece una suerte diferente:

> Pero de hecho se disuelve, pues lo que predomina en la casa a través de la televisión es el mundo exterior –real o ficticio– transmitido; y predomina de una manera tan ilimitada que invalida y convierte en fantasmagórica la realidad del hogar, no solo la de las cuatro paredes y el mobiliario, sino también la comunitaria. Cuando lo lejano se acerca demasiado, lo cercano se aleja o desaparece. Cuando el fantasma se hace real, lo real se convierte en fantasma. Ahora, el verdadero hogar se ha degradado a *container* y su función se agota en contener la pantalla para el mundo exterior.[41]

En la escuela infantil, desde el momento en el que la pantalla entra en la sala, esta ha triunfado (Anders, 2011). Pero, por la responsabilidad que nos ocupa, nos debemos a otros menesteres propios del ligamento que congrega a sus miembros, sintiendo el tacto de la piel, la mirada de los ojos y las palabras que emergen de las voces. La presencialidad reactiva y silenciosa desintegra el colectivo y fulmina la identidad personal presentándolas como objetos de identificación numérica. ¿Por qué razón la costumbre teje leyes no escritas? ¿Por qué se mantiene viva la esencia del «ma, me, mi, mo, mu»? ¿Por qué se trata y pervierte el juego como recompensa o propio del tiempo *libre*? ¿Y el todos al mismo tiempo? ¿Qué fundamento sostiene tener el babi puesto toda la jornada? ¿Y

41. GÜNTHER, A. 2011 (1956). *La obsolescencia del hombre (Vol. I) Sobre el alma en la época de la segunda revolución industrial* (1.ª ed.), p. 113. (J. Monter Pérez Trad.) Pre-Textos. (Obra original publicada en 1956).

el beber agua o hacer pis a una hora o turno determinado? ¿Acaso la búsqueda del impuesto silencio en un aula no contiene un inquietante propósito? ¿Por qué la estridente colorida estampa nos acompaña tanto en las escuelas infantiles? ¿No resulta alarmante cierta normalización hacia el trato humano de más que dudosa calidez?

Consideremos la responsabilidad y la relevancia de nuestras decisiones a partir de una comunidad educativa comprometida y cooperante. Quien diga lo contrario se mueve más por el atrevimiento de las creencias que por la mesura que otorga el riguroso conocimiento.

Actividades y propuestas[42]

El valor de una propuesta está en su capacidad para despertar el apetito que desencadenará la acción autónoma. Por
otro lado, la actividad es la ejecución posterior a un conjunto
de indicaciones que una tarea concreta requiere, con respuestas que resultarán acertadas o incorrectas, todas simila-
res en la búsqueda de concordar con su expectativa. Instruir
y aleccionar para el bienhechor pasivo ejecutor de acciones
que se supone que la actividad espera de él. O corregir, rediri-
gir o ejercer dictadura sobre una voluntad despojada de alma
para la obtención de productos sin originalidad y entregados a
la rutinaria doctrina de un *todos haciendo lo mismo al mismo
tiempo*.

A pesar de ello, no vinimos aquí a presentarnos como
dispensadores didácticos de rigidez cadavérica. Ofrecemos
a las criaturas una crucial referencia a su revoloteadora
curiosidad alrededor de la incertidumbre que escudriña las
respuestas. Nuestra atenta *mirada* vertebra la continuidad,
la internalización de un proceso recorrido y satisfecho que
permite sacar conclusiones por el valor de su culminación.
La actividad muere al retirar los dirigentes hilos que dotan de
apariencia animada a la marioneta. La propuesta culmina con
la coherente terminación de su ciclo vital. Por un lado, la con-
jugación de la instrucción y la obediencia a la obtención del
resultado impuesto. Por el otro, una enseñanza alejada de su
histórico autoritarismo portando los cantos de sirena de la no

---

42. Se toman los términos como un pretexto para seguir desmenuzando la
perspectiva educativa sobre la consideración léxica.

directividad y de cualquier tentativa de soluciones irreflexivas en formato de artificiosas píldoras.

Nos proponemos proponer propuestas lejos de actuar activando activismos con falsa sensación de sabiduría. La biografía de cada educadora con su formación e inquietudes, junto con el establecimiento de interesantes redes profesionales, trascienden al aflorar en la naturaleza propia de cada interpretación terminológica. Porque no sé muy bien qué habrá tras la extensa retórica que habla de educación sobre un solemne escenario. Cautela para no quedar embriagados por las palabras que gusta decir y escuchar sin rasgarnos las vestiduras por encontrarse pervertidas, vacías y utilizadas, en no pocas ocasiones, con intenciones mercantilistas. Porque propuesta y actividad no son lo mismo; ni entre ellas y ni entre lo que concebimos tú y yo, exigida, entonces, la reflexión en grupo para referenciar con solidez el discurso y los planteamientos de nuestra práctica.

Para proponer no basta con implorar al acogimiento de la incertidumbre. Insensato consuelo que tienta con su barato disfraz a cambiar nada, abandonándolo todo a la corriente de la burda apariencia. Ahora estamos en la búsqueda de respuestas al cómo trazar un camino balizado por aquella particular actitud que alumbra las oportunidades. Siempre tenemos ocasiones para acercarnos a luces que, por tenues que sean, referencian avances sumamente interesantes.

«Deben aprender a aguantarse»

Desear[43] despierta la voluntad de la persona a actuar. Origina la liberación, la luz, la posibilidad de decidir y emprender un propio camino. Es la raíz de las intenciones soberanas, esto es, de ser autónomo con un comportamiento autorregulado[44] y consonante con las circunstancias.

Conscientes de nuestra trascendencia al custodiar la convivencia de un grupo diverso, no vagamos a merced de la exclusiva aparición espontánea del deseo surgido desde el mundo interno de cada criatura. Más bien el entorno relacional, en su amplia complejidad, es el principal estímulo sobre el que cada maestra confeccionará minuciosamente una enseñanza[45] con intenciones y planteamientos que amplían sus cotas más allá de lo deseado y alcanzable por las propias manos.

Reclamamos una escuela iluminada por un educar que aporte y nutra nuestras vidas, con el apoyo y la complicidad que emana de una relación que aspira a vivir un mundo donde no haya que aguantarse lo que se desea. Porque aniquilar lo que se antoja posible reprime el anhelo, maniata la mano y ciega la esperanza. Una tiranía nada educativa que ennegrece cualquier tipo de luminiscencia al transitar, que sepulta las

---

43. El deseo propositivo al que nos referimos nada tiene que ver con el deseo inconformista del consumista de placeres inmediatos.

44. Sin pasar por alto que la autorregulación precisa de la corregulación que requiere del educador. No se nace siendo, sino que la educación infantil es un proceso de «hacer-ser».

45. Al hablar de enseñar no entramos en disputa con el aprender. Al contrario: el aprendizaje sucedido en una situación y relación deseada por la criatura es la causa que aporta el significado a nuestra profesión de enseñante. Ambas conforman su completa definición en su complementariedad.

inquietudes y amordaza las sonrisas, donde la ilusión es la amenaza y la colectividad el ingobernable estruendo.

Sin embargo, al educar no basta con encender la llama. Somos quien, con *mirada* atenta, guía, impulsa y orienta los caminos hasta llegar al mejor término posible. Los deseos infantiles se alimentan del afecto y la complicidad de esa inconformista educadora que impregna de confianza el ambiente y no interrumpe o provoca trompicones al acontecer. Aporta contención durante el transcurso de los hechos y entidad en su culminación definida. Desearlo, planearlo y construir un particular relato biográfico. En este sentido, desear no es un capricho. Es el argumento de la voluntad, de lo posible, de tomar las riendas de una vida que, probablemente no lo va a poner fácil.

Contener, guiar y apartar el reprimir. Complejos puntales de un paradigma basado en la crítica, el debate y la contundencia para que cada criatura pueda ejercer sus derechos más allá de la retórica. Por ello, que la infancia no sea un tema incómodo de tratar. Una labor que deberíamos comenzar habilitando espacios comunitarios y participativos que devuelvan algo más que la respiración a aquellas personas que la contienen impávidos entre tantos desmanes.

Asistamos nuestra respiración sobre un delicado aire que requiere de nuestro cuidado.

Evaluar en la educación infantil[46]

La etapa infantil es un período educativo de amparo sin prejuicios continuo. Septiembre es la continuación del punto y seguido listo para seguir siendo escrito en un contexto que posee profundas intenciones relativas al desarrollo armónico. Intenciones que requieren de saber a quién, cómo y para qué llevarlas a cabo. Sin embargo, numerosas costumbres educativas lastiman el carácter y principios de la etapa, además de impedir cubrir la piel afectiva de las criaturas con una saludable protección y, aún más grave, la de cualquiera que tenga su mundo interno en apuros.

Cada día, los niños y niñas participan construyendo diversos mundos dignos de amparar bajo el paraguas de una cuidadosa *mirada* exhaustiva. Valorar trasciende a la evaluación. Implica una labor ajena al juicio y a la aventurada interpretación, de respeto innegociable al ser y vivir de cada cual, y donde la relación particular con cada familia establece su verdadero alcance.

En todo caso, la transmisión escolar de carácter unidireccional, consumible y acrítica proporciona listones de altura cognitiva que significan un impacto en la línea de flotación de la infancia, al confundir aprendizaje con desarrollo e instrucción con educación. Una mirada reduccionista, superficial y por ende contraria a lo que ahora se denomina crecer en armonía. Porque las áreas curriculares no son platos para

---

46. Solo hago referencia a la vertiente de la evaluación de las criaturas por la contextualización propia del relato. El evaluar nuestra práctica, quizá, para otra ocasión, que también tiene injundia.

engullir servidos por la mano dominante. La construcción identitaria no consiste en el mero hecho de reconocer su imagen especular y discriminar las partes corporales. El desarrollo de la autoestima, el autoconcepto y la autoimagen tienen su arraigo en toda la información implícita presente en el mundo en el que vive y se relaciona, donde el SER descansa, en gran medida, en el cómo somos consideradas y respetadas por las demás. El entorno se conquista por el deseo de presencia. Surge de la confianza en sí que las personas alientan y, a su vez, por la cabida[47] que se da a los lenguajes capaces de hilvanar la relación ciudadana.

La valoración como parte de nuestro ejercicio profesional no es una práctica con pretensiones calificantes. Sin embargo, en la evaluación podría emerger el juez sin división de poderes: pone las normas bajo las que juzgar, y juzgará según ellas y su albedrío interpretativo hasta ejecutar la sentencia. Sesiones de evaluación convertidas en un cuartelillo donde denunciar cabecillas rebeldes o ensalzar el buen acoplamiento a la estrechez de la norma. A su vez, un proceso continuo en el que es necesario nuestro propio proceso de evaluación inicial y las sólidas referencias que aportan a los posteriores propósitos al conformar un plan de actuación que desacredite a la constreñida programación que establece de forma unilateral el qué, cuándo y cómo.

Al evaluar el desarrollo de cada criatura y del grupo, se precisa de suma atención y rigor para neutralizar la palabrería perniciosa que valientemente sobrevuela sobre tales particulares sesiones; el bien y el mal, el niño trabajador, el bueno, el espabilado, el desobediente, el retador, etc. Entonces, ¿qué evaluamos si previamente los marcos conceptuales y su posterior desempeño parten de posiciones opuestas?

Tú y yo aquí, y no precisamente a evaluar su validez para invalidar o no su camino. No somos peritos tasadores de la superación de nocivos listones en altura. Nuestro desempeño reside en ofrecer a cada familia la información más precisa y

---

47. Como derecho del niño.

in-fan-cia

rigurosa acerca del desarrollo global de cada criatura en su continuo. Y al considerar a cada una,[48] presentamos en nuestro evaluar sus capacidades desplegadas ahí, desde aquel *buenos días* con el que nos encontramos en septiembre. Un proceso íntimo, continuo, incomparable y digno de describir para informar y nunca calificar. Vaya. Calificar, calificaciones... dejemos a los niños y niñas en paz de tanto ítem y etiqueta. Seamos coherentes y démosle, además, un merecido aliento optimista y respetuoso fundamentado en las cualidades que definen a cada uno de ellos. Sin listones que sobrepasar. Sin pervertir el verdadero valor de compartir con rigor profesional un relato vital único, libre de juicios que sentencian y dilapidan el profesional amparo al que en el inicio hicimos referencia.

48. Como persona permeable y definida por/en sus interacciones.

A RAS DE SUELO

Responsabilidad y compromiso

Hurgando en la etimología de las palabras, la responsabilidad, como la cualidad de dar correspondencia a lo prometido. Y compromiso, como una total promesa. Entrelazamiento retórico seguido de un maestro que las asume desde el primer momento para, valga la redundancia, corresponder rigurosamente. ¿Acaso no es la única manera? Maneras, formas, estilos. Tantos como somos.

Ambos innegociables a pesar de las innumerables falsas apariencias o verdaderas ausencias tras la innovación, los proyectos, intereses y demás parapetos. *Palabrapetos* que taponan los poros del rigor y ocultan lo que hay al otro lado del retórico caparazón. Atravesarlo: un camino sin retorno.

Formarse, estar en forma, formado, informado, reformable e inconformista. Un camino que define los rasgos del educador, de compromiso incesante al saber que no hay ningún lugar al que llegar, ningún saber máximo. Trayecto en constante revisión que se recorre sin automatismos aplicables, sin aquellos consejos superficiales que no cesan en su intención de fagocitarlo todo encandilando al oyente.

Detengámonos. Cuidado con esto último: seamos selectivos, críticos y cuidadosos al requerir referencias entre tanta presencia en las redes de un huevo que puede que presente la cáscara y contenga su interior vacío. Seamos responsables con lo que tenemos entre manos: niños y niñas sobre quienes afecta toda nuestra presencia, la que se moldea y modela al mismo tiempo y se responsabiliza de los errores para autorizarse cambios.

No olvidemos que cada día en *nuestro sitio y a ras de suelo* ejercemos una labor para la que nunca fuimos obligados.

El punto y seguido

Compartir impulsa la capacidad para respondernos. En mi caso, pensamientos y afectos que han ido madurando y aclarándose por la introspección simultánea con la redacción. Redacción que, a su vez, amuebla nuestro particular ideario y redefine la mirada al vivir del aula, a cada criatura y a la convivencia.

Iremos a la escuela cada mañana. Volveremos a sentir enormes placeres y aventuradas incógnitas. Surcaremos dudas de las que resultará muy difícil encontrar respuestas a bordo de la tarea continua que ambiciona un modelo educativo riguroso y escrupuloso hasta en lo más nimio. Inmejorable forma de encumbrar el privilegio que supone ser y estar en el lugar de las primeras experiencias vitales.

Mientras tanto, las escuelas seguirán escribiendo con fina tinta educativa valiosos acontecimientos que los mantendrá a salvo del estorbo que, como ya dijimos, puedan ocasionar determinadas pretenciosidades vacías de cualquier fundamento y, por otro lado, plenas del copia y pega de implementación recetaria.

Este libro será lo único que echará el cierre en las próximas páginas. Solo fueron retazos, partículas vivenciales propias de una inmensidad que alberga en sí innumerables relatos no escritos. Solo fueron pretextos para evidenciar los pinchazos emocionales que sentimos los que estamos ahí cada día. Nada menos.

Como se viene leyendo, la infancia y toda la sociedad necesita de escuelas y aulas que progresen desde la cooperación y el respeto. Todo lo demás quedará, en el mejor de los casos, en la cubierta sin alcanzar la impregnación. Seguramente peque de insistente, pero resulta imprescindible si lo que anhelamos no es el mero maquillaje de las prácticas. Ni mucho menos. Sabemos que transitamos sobre un presente ansioso que se diluye entre los dedos, al tiempo que vislumbramos un futuro que actúa como un anzuelo mordido que nos arrastra trastabillando nuestros pies. Mientras tanto, el cortoplacismo, la urgencia y el exhibicionismo infectan a una escuela que avanza disonante. Pese a ello y con el esfuerzo oportuno que se requiere, existen referentes en los cuales poder recostar nuestra incertidumbre para que, siempre presente, nos mantenga con ese gusanillo en el estómago que alimenta la esperanza de construir el mejor de nuestros designios.

Realmente, estoy convencido de que todo esto merece la pena. Educar es contrario a la pasividad sumisa y cada día en la escuela descubro que los niños y niñas no se rinden de darnos oportunidades.

in-fan-cia